Dann fliegt mein gefiedertes Herz

SERIE PIPER
Band 1122

Zu diesem Buch

Vierundfünfzig Autoren und Autorinnen aus vierzehn Ländern Lateinamerikas »verdichten« in diesem Band ihre Ansichten, Einsichten und Eindrücke zum Thema Liebe, versuchen, das Rätselhafte, das immer wieder Faszinierende in Worte zu fassen.

Die Vielfalt der Tonarten widerspiegelt die des Kontinents selbst. Vom schwelgerisch romantischen Gedicht über die eher nüchtern realistische oder auch frech humorvolle Betrachtung – der Phantasie sind keine Grenzen gesetzt. In über neunzig Gedichten begegnen wir den verschiedensten Variationen all dessen, was Liebe bedeuten kann. Die Lebendigkeit und schöpferische Kraft, die uns aus den Romanen lateinamerikanischer Autoren schon vertraut ist, begegnet uns in ihren Gedichten aufs neue. Welche Gattung schließlich eignet sich besser dazu, über die Liebe zu sprechen als die Lyrik? Es kommen so berühmte Dichter zu Wort wie Jorge Luis Borges, Pablo Neruda, Gabriela Mistral, César Vallejo oder Octavio Paz, aber auch jüngere, hierzulande noch wenig bekannte Autoren. Der vorliegende Band stellt ausschließlich Gedichte dieses Jahrhunderts vor; in vielen Fällen handelt es sich um Erstübersetzungen.

Jorge Avila, geboren 1957 in Pamplona/Kolumbien. Studium der Literatur und spanischen Sprache in Bogotá. Lebt als freier Schriftsteller in Berlin.

Wolfgang Eitel, geboren 1945 in Isny/Allgäu. Lebt als freier Lektor in Freiburg. Veröffentlichungen u.a. »Lateinamerikanische Literatur der Gegenwart in Einzeldarstellungen« (1978), »Das Lied des Feuers. Lateinamerikanisches Lesebuch« (Serie Piper 900, Hg.), »Fallen die Perlen vom Mond? Lateinamerikanische Liebesgeschichten« (1991, Hg., zusammen mit Mempo Giardinelli).

Esther Muschelknautz, geboren 1962 in Freiburg. Studium der Hispanistik und Lateinamerikanistik an der Freien Universität Berlin. Lebt in Freiburg und arbeitet freiberuflich für verschiedene Verlage.

Dann fliegt mein gefiedertes Herz

Lateinamerikanische Liebesgedichte
Zweisprachig

Herausgegeben von
Jorge Avila, Wolfgang Eitel
und Esther Muschelknautz

Piper
München Zürich

Weitere zweisprachige Lyrik-Ausgaben in der Serie Piper

Wystan Hugh Auden, Die Anrufung Ariels (842)
Wystan Hugh Auden, Das Weltalter der Angst (725)
Giorgio Bassani, In einem alten italienischen Garten (1381)
Jorge Luis Borges, Zyklische Nacht (831)
Ferreira Gullar, Der grüne Glanz der Tage (1034)
Gabriela Mistral, Wenn du mich anblickst, werd' ich schön (1158)
Eugenio Montale, Glorie des Mittags (570)
Eugenio Montale, Satura · Diario (947)
Vinicius de Moraes, Saravá (872)
Pier Paolo Pasolini, Gramsci's Asche (313)
Pier Paolo Pasolini, Die Nachtigall der katholischen Kirche (560)
Salvatore Quasimodo, Das Leben ist kein Traum (696)
Salvatore Quasimodo, Ein offener Bogen (1111)
Umberto Saba, Das zerbrochene Glas (1351)
Saint-John Perse, Anabasis (874)
Lope de Vega, Wir leben in zwei Zeiten (809)

ISBN 3-492-11122-X
Originalausgabe
September 1992

Umschlag: Federico Luci,
unter Verwendung des Gemäldes
»Zwei Frauen im Weltraum« (1970) von Rufino Tamayo
Collection Sidney Berkowitz, Philadelphia
Satz: Satzstudio Pfeifer, Germering
Druck und Bindung: Clausen & Bosse, Leck
Printed in Germany

Inhalt

Vorwort

Lateinamerika, das vergißt man bisweilen über dem durchschlagenden Erfolg des lateinamerikanischen Romans, ist auch und vor allem ein Kontinent der Dichter. Lyrik, hierzulande manchmal schon als absonderliches Relikt aus vergangenen Zeiten beargwöhnt, erfreut sich dort einer ganz ungeahnten Popularität. In ihren Dichtern sehen sich manche Länder am besten repräsentiert, so etwa Chile, Nicaragua oder auch Brasilien, das als portugiesischsprachiges Land eine Sonderstellung einnimmt.

Drei Lyriker aus Lateinamerika sind mit dem Nobelpreis ausgezeichnet worden, alle drei haben eine ganz eigene Mythologie der Liebeslyrik: Gabriela Mistral, die verletzliche, unglücklich liebende Dichterin aus Chile, ihr Landsmann Pablo Neruda, der mit hymnischem Pathos die Frauen seines Lebens besang, und der hochintellektuelle, universal gebildete Mexikaner Octavio Paz, der in einem seiner Essays die Erfahrungen der Liebe und die des Dichtens und Gedichtlesens als Schlüsselerlebnisse menschlicher Existenz miteinander gleichsetzt: »Wie wir durch einen geliebten Körper ein volleres Leben schauen, das mehr Leben ist als das Leben, schauen wir durch das Gedicht das stille Licht der Dichtung. Dieser Augenblick enthält alle Augenblicke. Ohne aufzuhören zu fließen, steht die Zeit, von sich selbst erfüllt, still.«

Nur wenige Dichter sind, wie Octavio Paz, zu Mystikern des erfüllten Augenblicks geworden. Die Spielarten der Lyrik sind so vielfältig wie die individuelle Erfahrung der Liebe selbst, die ebenso bitter und todtraurig sein kann wie heiter oder ironisch gebrochen. Die Stimmungs- und Stillage der hier vesammelten Gedichte ist ganz unterschiedlich. Die verschiedensten Strömungen und Tendenzen, vom Symbolismus bis zum französischen Surrealismus, haben in der Geschichte der lateinamerikanischen Lyrik dieses Jahrhunderts eine Rolle gespielt und sind hier und dort noch spürbar. Aber gerade jüngere Autoren versuchen neue, eigene Wege zu finden. Das hohe Pathos und der kunstvolle Formenreichtum abendländischer Lyrik mit ihrem festen Reimschema und Strophenbau sind einer schlichteren Gestaltung und manchmal fast prosaischen, sehr direkten Diktion gewichen. Die weltumspannende metaphysische und religiöse Dimension der Liebe tritt in den Hintergrund, dagegen werden die sinnliche Erfahrung, der erotische Augenblick, mit neuer Präzision beschrieben. Die jüngeren Autoren sind auf Distanz gegangen zu den klassischen Traditionen, die althergebrachten Formen und Bilder haben ausgedient, der lyrische Blumenschmuck vergangener Zeiten, der vielbesungene Jasmin und die Magnolien, werden allenfalls ironisch zitiert, für naive Blumengedichte und ekstatische Huldigungen ist da kein Platz mehr.

Hat damit das Lebensthema der Liebe seinen Zauber und seine Dramatik eingebüßt? Keineswegs, nur die großen Worte und die klaren Begriffe haben sich überlebt in einer Zeit des Selbstzweifels und der neuen Unübersichtlichkeit. Die Liebe, das zeigt sich gerade auch bei den jüngeren Autoren, ist noch immer Angelpunkt der Existenz, sie kann uns in den Wahnsinn treiben, und der Verlust des geliebten Gegenübers bedeutet nicht selten den Absturz ins Bodenlose.

Insgesamt wird die Liebe in den Gedichten viel ambivalenter dargestellt und damit auch ein Stück ehrlicher, konkreter und offenherziger. Die Zwiespältigkeit der Liebe, die unterschwellige Einsamkeit bei aller Nähe, das Abflauen der Gefühle oder gar der akute Überdruß, alle diese Erfahrungen finden Eingang in die lateinamerikanische Liebeslyrik der letzten Jahrzehnte. Das Rollenverhalten der Geschlechter ist keineswegs mehr so eindeutig definiert wie in früheren Zeiten. Die weiblichen Autoren zeigen ein neues Selbstbewußtsein und thematisieren ihre – oft leidvollen – Erfahrungen, ihr eigenes Verhalten in der Liebesbeziehung und ihr erotisches Erleben mit großer Offenheit und Kraft.

Diese schmale Anthologie will und kann keinen repräsentativen Überblick über die lateinamerikanische Liebeslyrik dieses Jahrhunderts geben. Auf manchen großen Namen wurde verzichtet. Die Herausgeber ließen sich bei ihrer Auswahl vor allem von der Lust an der Lektüre, der Überzeugungskraft, inneren Stimmigkeit und Originalität der Gedichte leiten. Wenn diese Anthologie die Leser neugierig macht, auf eigene Faust weitere Erkundungsfahrten durch die lateinamerikanische Lyrik zu unternehmen, dann hat sie ihren Zweck erfüllt.

Mai 1992 Jorge Avila, Wolfgang Eitel,
Esther Muschelknautz

Manuel Bandeira
Arte de amar

Se queres sentir a felicidade de amar, esquece a tua alma,
A alma é que estraga o amor.
Só em Deus ela pode encontrar satisfação,
Não noutra alma.
Só em Deus – ou fora do mundo.

As almas são incomunicáveis.

Deixa o teu corpo entender-se com outro corpo.
Porque os corpos se entendem, mas as almas não.

Kunst des Liebens

Willst du das Glück des Liebens erfahren, vergiß deine Seele,
Denn die Seele verdirbt die Liebe.
Nur in Gott kann sie Befriedigung finden,
In einer anderen Seele nicht.
Nur in Gott – oder außerhalb dieser Welt.

Seelen können sich nicht mitteilen.

Laß deinen Körper sich mit einem anderen verständigen,
Denn die Körper verstehen einander, aber die Seelen nicht.

Gabriela Mistral
Vergüenza

Si tú me miras, yo me vuelvo hermosa
como la hierba a que bajó el rocío,
y desconocerán mi faz gloriosa
las altas cañas cuando baje al río.

Tengo vergüenza de mi boca triste,
de mi voz rota y mis rodillas rudas;
ahora que me miraste y que viniste,
me encontré pobre y me palpé desnuda.

Ninguna piedra en el camino hallaste
más desnuda de luz en la alborada
que esta mujer a la que levantaste,
porque oíste su canto, la mirada.

Yo callaré para que no conozcan
mi dicha los que pasan por el llano,
en el fulgor que da a mi frente tosca
y en la tremolación que hay en mi mano ...

Es noche y baja a la hierba el rocío;
mírame largo y habla con ternura,
–¡ que ya mañana al descender al río
lo que besaste llevará hermosura!

Scham

Wenn du mich anblickst, werd' ich schön,
schön wie das Riedgras unterm Tau.
Wenn ich zum Fluß hinuntersteige,
erkennt das hohe Schilf mein sel'ges Angesicht nicht mehr.

Ich schäme mich des tristen Munds,
der Stimme, der zerriss'nen, meiner rauhen Knie.
Jetzt, da du mich, herbeigeeilt, betrachtest,
fand ich mich arm, fühlt' ich mich bloß.

Am Wege trafst du keinen Stein,
der nackter wäre in der Morgenröte,
als ich, die Frau, auf die du deinen Blick geworfen,
da du sie singen hörtest.

Ich werde schweigen. Keiner soll mein Glück
erschaun, der durch das Flachland schreitet,
den Glanz auf meiner plumpen Stirn nicht einer sehen,
das Zittern nicht von meiner Hand ...

Die Nacht ist da. Aufs Riedgras fällt der Tau.
Senk lange deinen Blick auf mich. Umhüll mich zärtlich
durch dein Wort.
Schon morgen wird, wenn sie zum Fluß hinuntersteigt,
die du geküßt, von Schönheit strahlen.

Balada

Él pasó con otra;
yo le vi pasar.
Siempre dulce el viento
y el camino en paz.
¡Y estos ojos míseros
le vieron pasar!

Él va amando a otra
por la tierra en flor.
Ha abierto el espino;
pasa una canción.
¡Y él va amando a otra
por la tierra en flor!

Él besó a la otra
a orillas del mar;
resbaló en las olas
la luna de azahar.
¡Y no untó mi sangre
la extensión del mar!

Él irá con otra
por la eternidad.
Habrá cielos dulces.
(Dios quiere callar.)
¡Y él irá con otra
por la eternidad!

Ballade

Er ging mit einer anderen vorbei,
und ich sah ihn gehn.
Samten der Wind,
im Frieden der Weg.
Meine armen Augen,
sie sahen ihn gehn!

Er liebt eine andere
im blühenden Land.
Der Weißdorn brach auf;
vorbei weht ein Lied.
Er liebt eine andere
im blühenden Land!

Er küßt eine andere
am Meeresstrand.
In den Wogen sank unter
weiß blühend der Mond.
Und mein Blut färbte nicht
die Weite des Meers!

Er wird mit der andern
auf ewig gehn.
Heiter der Himmel.
(Gott hüllt sich in Schweigen.)
Er wird mit der andern
auf ewig gehn.

ALFONSINA STORNI
De mi ciudad a tu ciudad

En la otra margen del Río,
estás ...

Rozando las cabezuelas
estelares
mi pensamiento,
baba de luna,
de mí a ti.
teje su tela.

Tela invisible
que entolda
mi ciudad y tu ciudad
y da sombra
a las cúpulas ...

Sombra que podría
abrir las piedras
¡en hongos de amor!

De mi corazón a tu corazón,
larga y ancha,
la criba, va...

Ato las puntas de sus redes
a las puntas de tus cabellos;
atrapo el ovillo
de tus pies;
anclo en tus ojos:
mar negro ...
Desciendo aún:
toco el coral de tus venas.

Von meiner Stadt zu deiner Stadt

Am anderen Ufer des Flusses
bist du …

Die Wipfel
der Sterne
streift mein Sinn,
Lunas Geifer,
spinnt von mir zu dir
sein Tuch.

Tuch, überdacht
unsichtbar
meine Stadt und deine Stadt,
senkt Schatten
hinab auf die Kuppeln …

Schatten, öffnet
vielleicht auch den Stein
zum Liebespilz!

Von meinem Herzen zu deinem Herzen,
lang und weit,
reicht das Netz …

Die Enden des Garns verknote ich
mit den Enden deines Haars;
fange das Knäuel
deiner Füße;
werfe Anker in deinen Augen:
schwarzes Meer …
Tauche weiter hinab:
rühre an den Korallenfels deiner Adern.

Ahora reposo
y me afirmo.

He aquí que el Río,
araña ponzoñosa ahora,
araña
de agua,
levanta sus patas terrosas
para romperla.

Como escarabajos
los buques
se cuelgan de sus hilos,
se balancean;
¡van a destruirla!

De mi corazón a tu corazón
la tela invisible
ondea intacta ...

La luna le hunde su cabezuela:
bosteza ...

Nun ruhe ich,
lege an.

Doch da hebt der Fluß,
jetzt giftige Spinne,
Wasserspinne,
erdenschwer,
seine Beine,
will es zerstören.

Wie Käfer
baumeln die Schiffe
an seinen Fäden,
und schaukeln;
es droht zu reißen!

Von meinem Herzen zu deinem Herzen
wogt unsichtbar
das Tuch, makellos …

Der Mond senkt darein sein Haupt:
und gähnt …

¿Quién es el que amo? No lo sabréis jamás. Me miraréis a los ojos para descubrirlo y no veréis más que el fulgor del éxtasis. Yo lo encerraré para que nunca imaginéis quién es dentro de mi corazón, y lo meceré allí, silenciosamente, hora a hora, día a día, año a año. Os daré mis cantos, pero no os daré su nombre. El vive en mí como un muerto en su sepulcro, todo mío, lejos de la curiosidad, de la indiferencia y la maldad.

Pongo las manos sobre mi corazón y siento que late desesperado. ¿Qué quieres tú? Y me contesta:–Romper tu pecho, echar alas, agujerear las paredes, atravesar las casas, volar, loco, a través de la ciudad, encontrarle, ahuecar su pecho y juntarme al suyo.

Wer es ist, den ich liebe? Nie sollt ihr es wissen. In meine Augen sollt ihr schaun, danach forschen, doch nichts sehn als den Glanz der Ekstase. Verschließen will ich es, daß ihr niemals erfahrt, wen ich im Herzen trage, und dort werde stumm ich ihn wiegen, Stunde um Stunde, Tag um Tag, Jahr um Jahr. Euch lasse ich mein Lied, doch seinen Namen lasse ich euch nicht. Wie ein Toter in seiner Gruft lebt er in mir, ganz mein, weit von jeder Neugier, Gleichgültigkeit und Bosheit.

Ich lege die Hände auf mein Herz und spüre, es schlägt unbändig. »Was willst du?« Und es erwidert: »Deine Brust sprengen, Flügel entfalten, ein Loch in die Wand schlagen, die Häuser durcheilen, fliegen, wie wild, durch die ganze Stadt, ihn finden, seine Brust aushöhlen und seinem mich einen.«

César Vallejo
Me viene, hay días, una gana

Me viene, hay días, una gana ubérrima, política,
de querer, de besar al cariño en sus dos rostros,
y me viene de lejos un querer
demostrativo, otro querer amar, de grado o fuerza,
al que me odia, al que rasga su papel al muchachito,
a la que llora por el que lloraba,
al rey del vino, al esclavo del agua,
al que ocultóse en su ira,
al que suda, al que pasa, al que sacude su persona en mi alma.
Y quiero, por lo tanto, acomodarle
al que me habla, su trenza; sus cabellos, al soldado;
su luz, al grande; su grandeza, al chico.
Quiero planchar directamente
un pañuelo al que no puede llorar
y, cuando estoy triste o me duele la dicha,
remendar a los niños y a los genios.

Quiero ayudar al bueno a ser su poquillo de malo
y me urge estar sentado
a la diestra del zurdo, y responder al mudo,
tratando de serle útil en
lo que puedo, y también quiero muchísimo
lavarle al cojo el pie,
y ayudarle a dormir al tuerto próximo.

Ah querer, éste, el mío, éste, el mundial,
interhumano y parroquial, provecto!
Me viene al pelo,

An manchen Tagen überkommt mich eine Lust

An manchen Tagen überkommt mich üppige und politische Lust
zu lieben, die zwei Gesichter der Freundlichkeit zu küssen, und
von ferne überkommt mich unverhüllt eine andere, heftige Lust
den zu lieben, der mich haßt,
den, der das Schulheft des kleinen Jungen zerreißt,
die Frau zu lieben, die um jemanden weint, der weinte,
den Weinkönig zu lieben, den Sklaven des Wassers,
den, der sich in seinem Zorn verbarg,
den, der schwitzt, den, der vorübergeht,
und den, der seine Person abschüttelt in meiner Seele.
Deshalb möchte ich dem, der mit mir spricht,
einen Zopf flechten, dem Soldaten das Haar richten,
den Großherzigen in sein Licht rücken,
und dem Kleinen zu Größe verhelfen.
Ich möchte unverzüglich
ein Taschentuch bügeln für den, der nicht weinen kann
und, falls ich traurig bin, oder das Glück mich schmerzt,
möchte ich Kinder ausbessern und Genies.

Dem Guten möchte ich ein Stückchen vom Bösen geben
und mich drängts, zur Rechten des Linkshänders zu sitzen
und dem Stummen zu antworten,
ihm nützlich zu sein, soweit ichs vermag,
und dann möchte ich unbedingt
dem Lahmen den Fuß waschen,
und den nächstbesten Einäugigen in den Schlaf wiegen.

Ach, diese, meine Lust ist weltweit,
zwischenmenschlich, heimisch, und wie alt!
Aus heiterem Himmel,

desde el cimiento, desde la ingle pública,
y, viniendo de lejos, da ganas de besarle
la bufanda al cantor,
y al que sufre, besarle en su sartén,
al sordo, en su rumor craneano, impávido;
al que me da lo que olvidé en mi seno,
en su Dante, en su Chaplin, en sus hombros.

Quiero, para terminar,
cuando estoy al borde célebre de la violencia
o lleno de pecho el corazón, querría
ayudar a reír al que sonríe,
ponerle un pajarillo al malvado en plena nuca,
cuidar a los enfermos enfadándolos,
comprarle al vendedor,
ayudarle a matar al matador – cosa terrible –
y quisiera yo ser bueno conmigo
en todo.

aus der Tiefe, aus der öffentlichen Scham
überkommt sie mich,
heftig und von weither, und ich bekomme Lust,
das Halstuch des Sängers zu küssen,
das Kochgeschirr des Notleidenden,
und dem Tauben, unerschrocken,
sein Brausen unter der Schädeldecke; ich möchte dem
seinen Dante, seinen Chaplin und seine Schultern küssen,
der mir zurückgibt, was ich in meiner Brust vergaß.

Ich möchte, endlich,
nahe am würdigen Rand der Tätlichkeit,
oder das Herz vor Brust überquellend,
den Lächelnden zum Lachen bringen,
dem Bösen ein Vögelchen ins Genick setzen,
die Kranken mit Späßen kurieren,
beim Straßenhändler einkaufen,
Komplize eines Mörders werden – schrecklich –
ich möchte mit mir im Reinen sein,
in allem.

Pienso en tu sexo

Pienso en tu sexo.
Simplificado el corazón, pienso en tu sexo,
ante el ijar maduro del día.
Palpo el botón de dicha, está en sazón.
Y muere un sentimiento antiguo
degenerado en seso.

Pienso en tu sexo, surco más prolífico
y armonioso que el vientre de la Sombra,
aunque la Muerte concibe y pare
de Dios mismo.
Oh Conciencia,
pienso, sí, en el bruto libre
que goza donde quiere, donde puede.

Oh, escándalo de miel de los crepúsculos.
Oh estruendo mudo.

¡Odumolneurtse!

Dein Geschlecht im Kopf

Dein Geschlecht im Kopf.
Vermindert das Herz, dein Geschlecht im Kopf,
angesichts der bereiten Tagesweiche.
Fühle ich den Glücksknoten, ist er am Punkt.
Im Hirn verdorben
stirbt ein altes Gefühl.

Dein Geschlecht im Kopf, fruchtbarer die Furche
und klingender als der Leib der Unterwelt,
obgleich der Tod sogar von Gott
empfängt, gebiert.
O Gewissen,
ja, ich denke in offener Gier,
die genießt, wo sie mag, wo sie kann.

O honigsüßer Aufschrei der Morgendämmerungen.
O stummes Getös.

Otösgesmust!

Vicente Huidobro
Égloga

Sol muriente

Hay una panne en el motor

Y un olor primaveral
Deja en el aire al pasar

En algún sitio
una canción

EN DONDE ESTÁS

Una tarde como ésta
te busqué en vano
Sobre la niebla de todos los caminos
Me encontraba a mí mismo

Y en el humo de mi cigarro
Había un pájaro perdido

Nadie respondía

Los últimos pastores se ahogaron

Y los corderos equivocados
Comían flores y no daban miel

El viento que pasaba
Amontona sus lanas

Entre las nubes
Mojadas de mis lágrimas

Ekloge

Sterbende Sonne

Eine Panne im Motor

Und ein Frühlingsgeruch
Läßt in der Luft im Vorüberwehn

Irgendwo
Ein Lied

WO BIST DU

An einem Abend wie diesem
Suchte ich dich vergebens
Über dem Nebel aller Wege
Fand ich mich selber

Und im Rauch meiner Zigarre
War ein verirrter Vogel

Niemand gab Antwort

Die letzten Hirten gingen ins Wasser

Und die fehlgeleiteten Lämmer
Fraßen Blüten und gaben keinen Honig.

Der Wind der vorbeistrich
Häuft ihre Wolle auf

Zwischen den Wolken
Die feucht waren von meinen Tränen

A qué otra vez llorar
lo ya llorado

Y pues que las ovejas comen flores
Señal que ya has pasado

Wozu noch mal beweinen
　　　　Das schon Beweinte

Daß die Schafe Blüten fressen
Ein Zeichen, daß du schon vorbeigegangen bist

Juana de Ibarbourou
Noche de lluvia

Llueve... Espera, no te duermas,
Estáte atento a lo que dice el viento
Y a lo que dice el agua que golpea
Con sus dedos menudos en los vidrios.

Todo mi corazón se vuelve oídos
Para escuchar a la hechizada hermana,
Que ha dormido en el cielo,
Que ha visto al sol de cerca,
Y baja ahora elástica y alegre
De la mano del viento,
Igual que una viajera
Que torna de un país de maravilla.

¡Cómo estará de alegre el trigo ondeante!
¡Con qué avidez se esponjará la hierba!
¡Cuántos diamantes colgarán ahora
Del ramaje profundo de los pinos!

Regnerische Nacht

Regen … Warte, schlaf nicht.
Hör, was der Wind dir zuträgt,
was dir die Wasser erzählen,
die mit kleinen Fingern an die Scheiben schlagen.

Mein Herz lauscht mit allen Fasern,
was meine verzauberte Schwester Neues bringt.
Sie hat im Himmel geschlafen,
dicht neben der Sonne.
Jetzt kommt sie, der lustige Quirl.
Sie hält des Windes Hand
wie ein Wandrer,
der aus wundertrunknem Land heimkehrt.

Wie sich der Weizen vor Freude wiegen wird!
Wie schnell das Gras in die Höhe schießen!
Wieviel Diamanten schon tief
in den Nadeln der Pinien hängen!

Jorge Luis Borges
Sábados

A C.G.

Afuera hay un ocaso, alhaja oscura
engastada en el tiempo,
y una honda ciudad ciega
de hombres que no te vieron.
La tarde calla o canta.
Alguien descrucifica los anhelos
clavados en el piano.
Siempre, la multitud de tu hermosura.

A despecho de tu desamor
tu hermosura
prodiga su milagro por el tiempo.
Está en ti la ventura
como la primavera en la hoja nueva.
Ya casi no soy nadie,
soy tan sólo ese anhelo
que se pierde en la tarde.
En ti está la delicia
como está la crueldad en las espadas.

Agravando la reja está la noche.
En la sala severa
se buscan como ciegos nuestras dos soledades.
Sobrevive a la tarde
la blancura gloriosa de tu carne.
En nuestro amor hay una pena
que se parece al alma.

Tú
que ayer sólo eras toda la hermosura
eres también todo el amor, ahora.

Samstage

Für C.G.

Draußen ist ein Sonnenuntergang, dunkles Kleinod
eingefaßt von Zeit,
und eine tiefe blinde Stadt
von Menschen, die dich nicht sahen.
Der Abend schweigt oder singt.
Jemand entkreuzigt die
ans Klavier genagelten Sehnsüchte.
Immer die Vielzahl deiner Schönheit.

Trotz deiner Unliebe
streut deine Schönheit
ihr Wunder durch die Zeit.
In dir ist das Glück
wie der Frühling im neuen Blatt.
Schon bin ich fast nichts,
ich bin allein dieses Sehnen,
das sich im Abend verliert.
In dir ist die Wonne,
wie die Grausamkeit in den Schwertern.

Die Nacht beschwert das Gitter.
Im strengen Saal
suchen einander wie Blinde unsere beiden Einsamkeiten.
Den Abend überlebt
die weiße Glorie deines Fleischs.
In unserer Liebe ist ein Kummer,
der der Seele gleicht.

Du,
gestern alle Schönheit,
bist auch alle Liebe, jetzt.

La espera

Antes que suene el presuroso timbre
Y abran la puerta y entres, oh esperada
Por la ansiedad, el universo tiene
Que haber ejecutado una infinita
Serie de actos concretos. Nadie puede
Computar ese vértigo, la cifra
De lo que multiplican los espejos,
De sombras que se alargan y regresan,
De pasos que divergen y convergen.
La arena no sabría numerarlos.
(En mi pecho, el reloj de sangre mide
El temeroso tiempo de la espera.)

Antes que llegues,
Un monje tiene que soñar con un ancla,
Un tigre tiene que morir en Sumatra,
Nueve hombres tienen que morir en Borneo.

Das Warten

Bevor die eilige Klingel läutet
Und man öffnet und Du eintrittst, o
Sehnsüchtig Erwartete, muß das Weltall
Eine unendliche Reihe konkreter Handlungen
Ausgeführt haben. Niemand vermag
Dies Schwindelerregende zu berechnen,
Die Zahl von dem, was die Spiegel vervielfältigen,
Von Schatten, die sich verlängern und verkürzen,
Von Schritten, die auseinanderstreben und zusammenstreben.
Der Sand wüßte sie nicht zu zählen.
(In meiner Brust mißt die Blutuhr
Die zaghafte Zeit des Wartens.)

Bevor Du kommst,
Muß ein Mönch von einem Anker träumen,
Ein Tiger muß in Sumatra sterben,
Neun Menschen müssen auf Borneo sterben.

Amorosa Anticipación

Ni la intimidad de tu frente clara como una fiesta
ni la costumbre de tu cuerpo, aún misterioso y tácito y
de niña,
ni la sucesión de tu vida asumiendo palabras o silencios
serán favor tan misterioso
como mirar tu sueño implicado
en la vigilia de mis brazos.
Virgen milagrosamente otra vez por la virtud absolutoria
del sueño,
quieta y resplandeciente como una dicha que la memoria
elige,
me darás esa orilla de tu vida que tú misma no tienes.
Arrojado a quietud,
divisaré esa playa última de tu ser
y te veré por vez primera, quizá,
como Dios ha de verte,
desbaratada la ficción del Tiempo,
sin el amor, sin mí.

Erwartung der Liebe

Nicht die vertraute Nähe deiner Stirn, hell wie ein Fest,
noch die Gewohnheit deines Körpers, wiewohl mysteriös
und schweigsam und mädchenhaft,
noch die Abfolge deines Lebens, das zu Wörtern oder
Schweigen wird,
werden eine so rätselvolle Gunst sein
wie die Betrachtung deines Schlafs, verflochten
in die Wacht meiner Arme.
Wie durch ein Wunder wieder Jungfrau durch die
freisprechende Macht des Schlafes,
ruhig und leuchtend wie ein Glück, das das Gedächtnis
erwählt hat,
wirst du mir diesen Saum deines Lebens schenken, den du
selbst nicht besitzt.
Der Ruhe hingegeben
werde ich diesen letzten Strand deines Seins von fern
erblicken,
und dich zum ersten Mal sehen, vielleicht,
wie Gott dich sehen muß,
aufgehoben die Fiktion der Zeit,
ohne die Liebe, ohne mich.

Carlos Pellicer
Paisajes (1927)

I

Cuando los árboles entraban a la casa
húmedos de aurora y con una mirada
ponían azul lo que era blanco, y altas
voces de juegos y poemas rompían la ventana
tibia aún de los diálogos – palomas –,
no pasaba nada.
La mañana que vendía relojes de seis horas
y desayunos de paisajes con toalla limpia
y cuadernos con el arca de Noé y sus
20 atracciones mundiales
al grito de amor y fe,
como tenía los dedos de cristales
y los ojos inmemoriales
y los oídos de plata,
no pasaba nada.
Y mientras rezaba con mi madre,
la puerta y yo pensábamos en ti,
tan dulce, tan ligera y tan amante,
que yo veía a los ciegos sumar,
dividir y multiplicar las estrellas;
y a los sordos
dirigir el concierto de los ángeles.
Tú, que eras un lirio en la noche
con caminos y canciones
y recuerdos de años con lágrimas
y sangre y degollaciones de corazones inocentes.

II

Yo estaba azul de ausencia
– pedazos de mar y puertos urgentes –
y mis cartas se quemaban en el camino

Landschaften (1927)

I

Als die Bäume in das Haus traten,
feucht von Morgenröte, und mit einem Blick
blau werden ließen, was weiß war, und laute
Stimmen aus Spielen und Gedichten das Fenster zerbrachen,
das noch warm war von Gesprächen – Tauben –,
geschah nichts.
Da der Morgen, der Liebe und Glauben anpreisend
Sechsstundenuhren verkaufte
und Frühstück aus Landschaften mit sauberem Mundtuch
und Hefte mit der Arche Noah und ihren
20 Weltwundern,
Finger aus Kristallen besaß
und uralte Augen
und Ohren aus Silber,
geschah nichts.
Und während ich mit meiner Mutter betete,
dachten die Tür und ich an dich,
so süß, so leicht, so voll von Liebe,
daß ich sah, wie die Blinden die Sterne
addierten, dividierten und multiplizierten,
und wie die Tauben
das Engelskonzert dirigierten.
Du, die eine Lilie in der Nacht warst
mit Wegen und Liedern
und Erinnerungen an Jahre voll Tränen
und Blut und Hinrichtungen unschuldiger Herzen.

II

Blau färbte mich die Abwesenheit
– Meeresfetzen und drängende Häfen –
und meine Briefe verbrannten auf dem Weg,

lleno de palabras y poemas.
¡Nuestro amor silencioso y ágil como un signo!
Nuestro amor que maté
porque lo necesitabas muerto
para que fuésemos novios toda la vida
en la bahía con luna de mi voz y de tu silencio.
Y ahora soy ya la imagen opuesta a cien espejos:
una gota de agua en los divinos ojos esféricos.
Y te amo como los árboles al alba
y por ti enseño a cantar a las águilas.
Y tu belleza es mi tesoro que gasto
en sostener el lujo de la aurora
y los grandes robos al aire libre, de la noche.
Eres la mujer morena de todas las épocas,
la espiga bíblica,
el pretexto colérico de la Ilíada,
el encuentro anecdótico de Florencia,
la fiesta de Quetzalcóatl y mi canción mecida
entre las olas y las estrellas.

El teléfono llama, pero todo es inútil,
porque tú y yo estaremos siempre azules de ausencia.

der voll von Worten und Gedichten war.
Unsere Liebe, schweigsam und flink wie ein Zeichen!
Unsere Liebe, die ich tötete,
weil du ihren Tod brauchtest,
um für das Leben einander versprochen zu sein
in der Bucht mit Mond meiner Stimme und deines Schweigens.
Und jetzt bin ich schon das Gegenbild von hundert Spiegeln,
ein Wassertropfen in den göttlichen Sphärenaugen.
Und ich liebe dich wie die Bäume das Morgenlicht,
und für dich lehre ich die Adler singen.
Und deine Schönheit ist mein Schatz, den ich vergeude,
um die Pracht der Morgenröte zu bewahren
und die großen Raubzüge der Nacht unter freiem Himmel.
Du bist die dunkelhäutige Frau aller Zeitalter,
die biblische Ähre,
der aufbrausende Vorwand der Ilias,
die schicksalhafte Begegnung in Florenz,
das Fest des Quetzalcoatl und mein
zwischen Wellen und Sternen gewiegtes Lied.

Das Telefon klingelt, aber alles ist zwecklos,
denn du und ich werden immer blau vor Abwesenheit sein.

Carlos Drummond de Andrade
O quarto em desordem

Na curva perigosa dos cinqüenta
derrapei neste amor. Que dor! que pétala
sensível e secreta me atormenta
e me provoca à síntese da flor

que não se sabe como é feita: amor,
na quinta-essência da palavra, e mudo
de natural silêncio já não cabe
em tanto gesto de colher e amar

a nuvem que de ambígua se dilui
nesse objeto mais vago do que nuvem
e mais defeso, corpo! corpo, corpo,

verdade tão final, sede tão vária,
e esse cavalo solto pela cama,
a passear o peito de quem ama.

Zimmer in Unordnung

In der gefährlichen Kurve der Fünfzig
schlitterte ich in diese Liebe. Welch ein Schmerz! welch
Blütenblatt zart und geheimnisvoll quält mich
und fordert mich zur Synthese jener Blume heraus

von der man nicht weiß wie sie ist: Liebe,
in der Quintessenz des Worts, und stumm
in dem ihr eigenen Schweigen, paßt sie schon nicht mehr
in solch große Geste des Pflückens und Liebens

die Wolke, die zweifelnd sich auflöst
in diesem Objekt vager als Wolke
und verbotener, Körper! Körper, Körper,

Wahrheit so endgültig, Durst so unstillbar,
und dieses Pferd, das frei durch das Bett
über die Brust des Liebenden läuft.

Nicolás Guillén
Madrigal

De tus manos gotean
las uñas, en un manojo de diez uvas moradas.

Piel,
carne de tronco quemado,
que cuando naufraga en el espejo, ahúma
las algas tímidas del fondo.

Madrigal

Tu vientre sabe más que tu cabeza
y tanto como tus muslos.
Ésa
es la fuerte gracia negra
de tu cuerpo desnudo.

Signo de selva el tuyo,
con tus collares rojos,
tus brazaletes de oro curvo,
y ese caimán oscuro
nadando en el Zambeze de tus ojos.

Madrigal

Von deinen Händen tropfen
die Nägel, eine Traube von zehn braunen Beeren.

Haut,
Fleisch verbrannten Stammes, der,
wenn er im Spiegel kentert,
die scheuen Algen auf dem Grund versengt.

Madrigal

Dein Leib weiß mehr als dein Kopf,
ganz deinen Schenkeln gleich.
Dies
ist die starke schwarze Grazie
deines nackten Körpers.

Der Urwald dein Zeichen –
mit deinen roten Halsketten,
deinen Armreifen aus gebogenem Gold
und dem dunklen Kaiman,
im Sambesi deiner Augen schwimmend.

Xavier Villaurrutia
Nocturno de la alcoba (1941)

La muerte toma siempre la forma de la alcoba
que nos contiene.

Es cóncava y oscura y tibia y silenciosa,
se pliega en las cortinas en que anida la sombra,
es dura en el espejo y tensa y congelada,
profunda en las almohadas y, en las sábanas, blanca.

Los dos sabemos que la muerte toma
la forma de la alcoba, y que en la alcoba
es el espacio frío que levanta
entre los dos un muro, un cristal, un silencio.

Entonces sólo yo sé que la muerte
es el hueco que dejas en el lecho
cuando de pronto y sin razón alguna
te incorporas o te pones de pie.

Y es el ruido de hojas calcinadas
que hacen tus pies desnudos al hundirse en la alfombra.

Y es el sudor que moja nuestros muslos
que se abrazan y luchan y que, luego, se rinden.

Y es la frase que dejas caer, interrumpida.
Y la pregunta mía que no oyes,
que no comprendes o que no respondes.

Y el silencio que cae y te sepulta
cuando velo tu sueño y lo interrogo.

Nachtstück des Schlafgemachs (1941)

Der Tod nimmt immer die Gestalt des Schlafgemachs an,
das uns umhüllt.

Er ist konkav und dunkel und warm und schweigsam,
er schmiegt sich in die Vorhänge, in denen der Schatten nistet,
ist hart im Spiegel und straff und eisig,
tief in den Kissen und weiß auf den blanken Laken.

Wir beide wissen, daß der Tod die Gestalt
des Schlafgemachs annimmt und daß im Schlafgemach
er der kalte Raum ist, der zwischen uns
eine Mauer errichtet, eine Wand aus Glas, ein Schweigen.

Dann weiß nur ich, daß der Tod
die Leere ist, die du auf dem Lager hinterläßt,
wenn du plötzlich ohne Grund
dich aufrichtest oder aufstehst.

Und daß er das Rascheln verkohlter Blätter ist,
das von deinen Füßen kommt, wenn sie in den Teppich sinken.

Und daß er der Schweiß auf unseren Schenkeln ist,
die sich umschlingen und kämpfen und dann sich ergeben.

Und daß er der abgebrochene Satz ist, den du fallen läßt.
Und meine Frage, die du nicht hörst,
die du nicht verstehst oder nicht beantwortest.

Und daß er das Schweigen ist, das niedersinkt und dich begräbt,
wenn ich über deinem Schlaf wache und ihn befrage.

Y solo, sólo yo sé que la muerte
es tu palabra trunca, tus gemidos ajenos
y tus involuntarios movimientos oscuros
cuando en el sueño luchas con el ángel del sueño.

La muerte es todo esto y más que nos circunda,
y nos une y separa alternativamente,
que nos deja confusos, atónitos, suspensos,
con una herida que no mana sangre.

Entonces, sólo entonces, los dos solos, sabemos
que no el amor sino la oscura muerte
nos precipita a vernos cara a cara a los ojos,
y a unirnos y a estrecharnos, más que solos y náufragos,
todavía más, y cada vez más, todavía.

Und einsam dann weiß nur ich, daß der Tod
dein abgeschnittenes Wort ist, dein fremdes Stöhnen
und deine dunklen, unwillkürlichen Bewegungen,
wenn du im Schlaf kämpfst mit dem Engel des Schlafs.

Der Tod ist all das und mehr, als uns umgibt
und uns vereint und trennt zugleich,
als uns verwirrt macht, ungewiß, betroffen,
mit einer Wunde, aus der kein Blut fließt.

Dann nur und nur dann wissen wir, einsam beide,
daß nicht die Liebe, sondern der dunkle Tod uns treibt,
von Angesicht zu Angesicht uns anzuschauen,
uns zu vereinen und zu umarmen, mehr als einsam noch und schiffbrüchig,
weit mehr noch und jedes Mal mehr, weit mehr.

Debiendo escribirte hasta el fin de mi vida
Para ilustrar el peso muerto de los días
Que viviré sin ti
Ebrio de la onda secreta
Irradiando en la naturaleza el oriente enfermizo de una perla negra
Parto sin cesar a cada golpe de sangre para unirme a ti
El fuego de la memoria triturando una vida
La caricia de la lentitud sobre la pronta separación
Te amo
El insomnio atroz la noche de plomo

¿A cuál sueño más pesado que la distancia
Exigir el desenlace?

Luz en el vuelo de tus párpados
Fuente viva donde me asombro de la dicha
Aleteando el aire puro
Tu sombra de obelisco
Y Tú al final del camino de vidrio

Te seguiría en la tormenta
Hasta llegar al aliento

Dir will ich schreiben bis an mein Ende
das tote Gewicht der Tage zu erhellen
Die ich leben soll, ohne dich
Trunken von verborgenem Rausch,
strahlend der Sonnenaufgang in der Natur, an einer
schwarzen Perle leidend,
Gehe ich durch jedes Feuer, um mit dir eins zu sein
Zerstäubt ein Leben der Brand der Erinnerung
Die Zartheit der Weile über der plötzlichen Trennung
Dich liebe ich
Riesig die Schlaflosigkeit bleiern die Nacht

Von welchem Traum, schwerer als die Ferne,
Läßt sich ein gutes Ende hoffen?

Licht im Fluge deiner Lider
Frische Quelle, wo das Glück mich überfällt
Ringe ich nach reiner Luft
Nach deiner Obeliskendunkelheit
Du am Ende der gläsernen Reise

Ich folge dir in Ungewittern
Bis ich wieder atmen kann.

Pablo Neruda
Poema de amor IX

Ebrio de trementina y largos besos,
estival, el velero de las rosas dirijo,
torcido hacia la muerte del delgado día,
cimentado en el sólido frenesí marino.

Pálido y amarrado a mi agua devorante
cruzo en el agrio olor del clima descubierto,
aún vestido de gris y sonidos amargos,
y una cimera triste de abandonada espuma.

Voy, duro de pasiones, montado en mi ola única,
lunar, solar, ardiente y frío, repentino,
dormido en la garganta de las afortunadas
islas blancas y dulces como caderas frescas.

Tiembla en la noche húmeda mi vestido de besos
locamente cargado de eléctricas gestiones,
de modo heroico dividido en sueños
y embriagadoras rosas practicándose en mí.

Aguas arriba, en medio de las olas externas,
tu paralelo cuerpo se sujeta en mis brazos
como un pez infinitamente pegado a mi alma
rápido y lento en la energía subceleste.

Liebesgedicht IX

Trunken von Terpentin und langen Küssen,
lenk ich im Sonnenlicht ein Segelschiff voller Rosen,
halte Kurs auf den Tod des dünn gewordenen Tages,
getragen von des Meeres zuverlässigem Toben.

Blaß und gekettet an mein gierig schlingendes Wasser,
kreuz ich im herben Ruch unter blankgefegtem Himmel,
grau gekleidet noch immer, umhüllt von bittren Klängen,
auf dem Haupt als Helmzier ein paar Fetzen von Meer-
schaum.

Gehärtet von Leidenschaft, reitend auf meiner Woge,
schiffe ich mondhaft, sonnenhaft, glühend, voller Kühle,
dösend, dicht an der Kehle der glückseligen Inseln,
die so weiß sind und lieblich wie morgenfrische Hüften.

In feuchter Nacht erzittert meine Gewandung von Küssen,
wahnwitzig aufgeladen mit elektrischen Kräften,
heroisch sich verzweigend in verwegene Träume
und berauschende Rosen, die in mir sich entfalten.

Auf den Wassern, umflossen von hohen Flankenwellen,
ergibt sich meinen Armen dein paralleler Körper,
wie ein Fisch, der für immer an meiner Seele haftet,
flink und gelassen, voller tiefseehimmlischer Tatkraft.

Tus pies

Cuando no puedo mirar tu cara
miro tus pies.

Tus pies de hueso arqueado,
tus pequeños pies duros.

Yo sé que te sostienen,
y que tu dulce peso
sobre ellos se levanta.

Tu cintura y tus pechos,
la duplicada púrpura
de tus pezones,
la caja de tus ojos
que recién han volado,
tu ancha boca de fruta,
tu cabellera roja,
pequeña torre mía.

Pero no amo tus pies
sino porque anduvieron
sobre la tierra y sobre
el viento y sobre el agua,
hasta que me encontraron.

Deine Füße

Wenn ich dein Gesicht nicht betrachten kann,
so betrachte ich deine Füße.

Deine Füße aus gewölbtem Knochen,
deine kleinen, festen Füße.

Ich weiß, daß sie dich tragen,
und daß dein liebliches Gewicht
auf ihnen sich erhebt.

Deine Taille und deine Brüste,
der zwiefache Purpur
deiner Kuppen,
der Taubenschlag deiner Augen,
die eben noch flogen,
dein breiter Fruchtmund,
deine rote Mähne,
mein kleiner Turm du.

Aber ich liebe deine Füße
nur deshalb, deshalb allein,
weil sie über die Erde gewandert sind,
über das Wasser, den Wind,
bis sie zu mir gefunden.

Soneto de amor XLIV

Sabrás que no te amo y que te amo
puesto que de dos modos es la vida,
la palabra es un ala del silencio,
el fuego tiene una mitad de frío.

Yo te amo para comenzar a amarte,
para recomenzar el infinito
y para no dejar de amarte nunca:
por eso no te amo todavía.

Te amo y no te amo como si tuviera
en mis manos las llaves de la dicha
y un incierto destino desdichado.

Mi amor tiene dos vidas para amarte.
Por eso te amo cuando no te amo
y por eso te amo cuando te amo.

Liebessonett XLIV

Du weißt wohl, ich liebe dich nicht und ich liebe dich;
denn von zweierlei Art ist das Leben,
das Wort ist ein Flügel des Schweigens,
das Feuer hat eine Hälfte aus Kälte.

Ich liebe dich, um anzufangen dich zu lieben,
um mit dem Unendlichen wieder anzufangen
und niemals aufzuhören dich zu lieben:
darum liebe ich dich noch nicht.

Ich liebe dich, und ich liebe dich nicht, als hielte ich
in meinen Händen die Schlüssel des Glücks
und ein ungewisses glückloses Schicksal.

Meine Liebe hat zwei Leben, dich zu lieben.
Darum liebe ich dich, wenn ich dich nicht liebe,
und darum liebe ich dich, wenn ich dich liebe.

Vinicius De Moraes
Conjugação da ausente

Foram precisos mais dez anos e oito quilos
Muitas cãs e um princípio de abdômen
(Sem falar na Segunda Grande Guerra, na descoberta da penicilina e na desagregação do átomo)
Foram precisos dois filhos e sete casas
(Em lugares como São Paulo, Londres, Cascais, Ipanema e Hollywood)
Foram precisos três livros de poesia e uma operação de apendicite
Algumas prevaricações e um exequatur
Fora preciso a aquisição de uma consciência política
E de incontáveis garrafas; fora preciso um desastre de avião
Foram precisas separações, tantas separações
Uma separação ...

Tua graça caminha pela casa.
Moves-te blindada em abstrações, como um T. Trazes
A cabeça enterrada nos ombros qual escura
Rosa sem haste. Es tão profundamente
Que irrelevas as coisas, mesmo do pensamento.
A cadeira é cadeira e o quadro é quadro
Porque te participam. Fora, o jardim
Modesto como tu, murcha em antúrios
A tua ausência. As folhas te outonam, a grama te
Quer. Es vegetal, amiga ...
Amiga! direi baixo o teu nome
Não ao rádio ou ao espelho, mas à porta
Que te emoldura, fatigada, e ao
Corredor que pára
Para te andar, adunca, inutilmente

Konjugation der Abwesenden

Notwendig waren noch zehn Jahre und acht Kilo
viele weiße Haare und der Ansatz eines Bauches
(nicht zu reden vom Zweiten Weltkrieg, von der Entdeckung
des Penicillins und der Spaltung des Atoms)
Notwendig waren zwei Kinder und sieben Wohnungen
(in Städten wie São Paulo, London, Cascais, Ipanema und
Hollywood)
Es waren notwendig drei Bände Gedichte und eine Blind-
darmoperation
einige Pflichtverletzungen und eine Akkreditierung
Notwendig war der Erwerb eines politischen Bewußtseins
und unzähliger Flaschen; notwendig war ein Flugzeug-
unglück
Notwendig waren Trennungen, so viele Trennungen
eine Trennung ...

Deine Anmut geht durch das Haus.
Du bewegst dich gepanzert mit Abstraktionen wie ein T. Du
trägst den Kopf vergraben zwischen den Schultern wie eine
dunkle Rose ohne Stiel. Du bist so sehr Größe
daß du alles bedeutungslos machst, selbst die Gedanken.
Der Stuhl ist Stuhl, und das Bild ist Bild
weil sie von dir künden. Draußen der Garten
so bescheiden wie du, verwelkt mit Anturien
deine Abwesenheit. Die Blätter färben dich herbstlich,
der Rasen
verlangt nach dir. Du bist pflanzlich, Freundin ...
Freundin! Leise nenne ich deinen Namen
nicht dem Radio oder dem Spiegel, sondern der Tür
die dich umrahmt, ermüdet, und dem Flur
welcher innehält für deinen Gang
gekrümmt und so unnütz in Eile.

Rápida. Vazia a casa
Raios, no entanto, desse olhar sobejo
Oblíquos cristalizam tua ausência.

Vejo-te em cada prisma, refletindo
Diagonalmente a múltipla esperança
E te amo, te venero, te idolatro
Numa perplexidade de criança.

Leer das Haus, dennoch vergegenständlichen
schräge Funken dieses verschwenderischen Blickes
deine Abwesenheit.

Ich sehe dich in jeder Lichtbrechung, welche diagonal
die vielfältige Hoffnung widerspiegelt.
Ich liebe dich, ich verehre dich, ich vergöttere dich
mit der Ratlosigkeit eines Kindes.

A brusca poesia da mulher

Minha mãe, alisa de minha fronte tódas as cicatrizes do
passado
Minha irmã, conta-me histórias da infância em que eu haja
sido herói sem mácula
Meu irmão, verifica-me a pressão, o colesterol, a turvação
do timol, a bilirrubina
Maria, prepara-me uma dieta baixa em calorias, preciso
perder cinco quilos
Chamem-me a massagista, o florista, o amigo fiel para as
confidências
E comprem bastante papel; quero todas as minhas esfero-
gráficas
Alinhadas sobre a mesa, as pontas prestes à poesia.
Eis que se anuncia de modo sumamente grave
A vinda da mulher amada, de cuja fragrância
Já me chega o rastro.
E ela uma menina, parece de plumas
E seu canto inaudível acompanha desde muito a migração
dos ventos
empós meu canto. E ela uma menina
Como um jovem pássaro, uma súbita e lenta dançarina
Que para mim caminha em pontas, os braços suplicantes
Do meu amor em solidão. Sim, eis que os arautos
Da descrença começam a encapuçar-se em negros mantos
Para cantar seus réquiens e os falsos profetas
A ganhar ràpidamente os logradouros para gritar suas
mentiras.
Mas nada a detém; ela avança, rigorosa
Em rodopios nítidos
Criando vácuos onde morrem as aves.
Seu corpo, pouco a pouco

Das plötzliche Gedicht an die geliebte Frau

Mutter, glätte auf meiner Stirn alle Narben der Vergangenheit
Schwester, erzähl mir Geschichten aus der Kindheit, in denen
ich der makellose Held war
Bruder, miß mir den Blutdruck, den Cholesterinspiegel, die
Trübung des Thymol, das Bilirubin
Maria, bereite mir eine Kost mit wenig Kalorien, ich muß
fünf Kilo abnehmen
Holt mir die Masseuse, den Blumenhändler, den treuen
Freund für Vertraulichkeiten
und kauft mir reichlich Papier; ich will alle meine Kugel-
schreiber
aufgereiht auf dem Tisch, die Spitzen bereit für die Poesie.
Denn es kündigt sich an auf höchst gewichtige Art
das Kommen der geliebten Frau, von deren Duft
schon eine Spur zu mir gelangt.
Sie ist ein Mädchen, scheint aus Federn
und ihr unhörbarer Gesang begleitet seit langem schon den
Weg der Winde
auf der Fährte meines Gesangs. Sie ist ein Mädchen
wie ein junger Vogel, eine behende und langsame Tänzerin
die für mich auf Spitzen geht, die Arme
um meine vereinsamte Liebe flehend. Und siehe da, die
Herolde
des Unglaubens beginnen sich mit schwarzen Mänteln zu
umhüllen
um ihre Requiems zu singen, und die falschen Propheten
eilen
geschwind zu den Plätzen, um ihre Lügen herauszuschreien.
Aber nichts vermag sie zu halten; sie dringt vor, unerbittlich
in deutlich klaren Wirbeln
Luftleere schaffend, wo Vögel sterben.
Ihr Körper entfaltet sich nach und nach

Abre-se em pétalas ... Ei-la que vem vindo
Como uma escura rosa voltejante
Surgida de um jardim imerso em trevas.
Ela vem vindo ... Desnudai-me, aversos!
Lavai-me, chuvas! Enxugai-me, ventos!
Alvorecei-me, auroras nasciturnas!
Eis que chega de longe, como a estrêla
De longe, como o tempo
A minha amada última!

wie Blütenblätter ... Dort kommt sie
wie eine kreisende dunkle Rose
aus einem in Finsternis getauchten Garten.
Sie kommt daher ... Entblößt mich, ihr Feinde!
Wascht mich, Regen! Trocknet mich, Winde!
Laßt mich Tag werden, zukünftige Morgenröten!
Da kommt sie von fern wie der Stern
von fern wie die Zeit
meine letzte Geliebte!

Efraín Huerta
Permiso para el amor

Se permite que los amantes se arrullen
y aprisionen las abejitas que la brisa decapitó

Junto al hecho concreto llamado Amor
las columnas de mármol son barcos de musgo
y el malecón un diminuto tálamo

Las bocas y los cuerpos de agua se arrullan
como arpas en el triunfo de los himnos

Se permite que las criaturas se huelan
hasta semejar hormigas furiosas
amándose a nivel de fabulosos caballos
y que esta noche sea de resurrecciones
y lo impúdico sea echado a los albañales

Puros y delicados como un salmo
los amantes se encadenan en silencio
pero el griterío sexual se escucha hasta El Morro
y yo me tapo los oídos porque no es bueno
turbar la paz deslumbrante de los enfermos

Erlaubnis zur Liebe

Es ist erlaubt, daß die Liebenden miteinander turteln
und Bienchen einfangen, die der Wind fortgetrieben

Bei einer bestimmten Tätigkeit genannt Liebe
sind die Marmorsäulen Barken aus Moos
und die Mole ein winziges Ehebett

Die Münder und die Körper aus Wasser turteln
wie Harfen im Jubel der Hymnen

Es ist erlaubt, daß die Geschöpfe sich beschnuppern
bis sie aufgebrachten Ameisen ähneln
sich liebend auf der Höhe fliegender Pferde
und daß dies die Nacht der Auferstehungen sei
und das Schamlose im Abfluß lande

Rein und zart wie ein Psalm
umschlingen sich still und fest die Liebenden
aber das Sexgeschrei hört man bis zum Morro
und ich stopfe mir die Ohren zu, weil es nicht gut ist
den trügerischen Frieden der Kranken zu stören

Nicanor Parra
Conversación galante

– Hace una hora que estamos aquí
Pero siempre contestas con lo mismo;
Quieres volverme loca con tus chistes
Pero tus chistes me los sé de memoria.
No te gusta la boca ni los ojos?
– Claro que sí que me gustan los ojos.
– ¿Pero por qué no los besas, entonces?
– Claro que sí que los voy a besar.
– ¿No te gustan los senos ni los muslos?
– ¡Cómo no van a gustarme los senos!
– Pero entonces, por qué no reaccionas?
Tócalos, aprovecha la ocasión.
– No me gusta tocarlos a la fuerza.
– ¿Y para qué me hiciste desnudarme?
Yo no te dije que te desnudaras.
Fuiste tú misma quien se desnudó:
Vístase, antes que llegue su marido.

En vez de discutir
Vístase, antes que llegue su marido.

Verliebtes Gespräch

– Jetzt sind wir schon eine Stunde hier
Und du gibst mir immer dieselbe Antwort.
Du machst mich noch wahnsinnig mit deinen Witzen:
Die kann ich inzwischen schon auswendig.
Was hast du bloß gegen meinen Mund? meine Augen?
– Natürlich habe ich nichts gegen deine Augen.
– Warum küßt du sie dann nicht?
– Natürlich küsse ich deine Augen.
– Was hast du bloß gegen meine Schenkel und Brüste?
– Was soll denn das heißen, gegen deine Brüste!
– Warum zeigst du dann deine Gefühle nicht?
Faß mich doch an, solang ich noch da bin.
– Ich faß dich ja an, aber nicht auf Kommando.
– Warum wolltest du dann, daß ich mich ausziehe?
– Ich hab dir nicht gesagt, zieh dich aus.
Du hast dich von selbst ausgezogen.
Zieh dich lieber schnell wieder an, ehe dein Mann heimkommt.
Was soll das Ganze?
Zieh dich lieber schnell wieder an, ehe dein Mann heimkommt.

Aromos

Paseando hace años
Por una calle de aromos en flor
Supe por un amigo bien informado
Que acababas de contraer matrimonio.
Contesté que por cierto
Que yo nada tenía que ver en el asunto.
Pero a pesar de que nunca te amé
– Eso lo sabes tú mejor que yo –
Cada vez que florecen los aromos
– Imagínate tú –
Siento la misma cosa que sentí
Cuando me dispararon a boca de jarro
La noticia bastante desoladora
De que te habías casado con otro

Akazien

Als ich vor Jahren in einer
Allee von blühenden Akazien spazierenging,
Erfuhr ich von einem gut informierten Freund,
Daß du eben geheiratet hattest.
Ich sagte Aha
Und daß mich die Sache nichts anginge.
Aber obwohl ich dich nie geliebt habe
– Das weißt du besser als ich –,
Fühle ich jedesmal, wenn die Akazien blühn,
– Stell dir mal vor –
Dasselbe, was ich fühlte,
Als mich aus heiterem Himmel
Die ziemlich niederschmetternde Nachricht traf,
Daß du einen anderen geheiratet hast.

Atención

A los jóvenes aficionados
A cortejar muchachas buenas-mozas
En los jardines de los monasterios
Hago saber con toda franqueza
Que en el amor
por casto

Por inocente que parezca al comienzo
Suelen presentarse sus complicaciones.

Totalmente de acuerdo
Que el amor es más dulce que la miel.

Pero se les advierte
Que en el jardín hay luces y sombras
Además de sonrisas
En el jardín hay disgustos y lágrimas
En el jardín hay no sólo verdad
Sino también su poco de mentira.

Warnung

Den jungen Männern, die es lieben,
Hübschen Mädchen
In den Klostergärten den Hof zu machen,
Gebe ich mit aller Offenheit zu bedenken,
Daß in der Liebe,
so keusch

Und unschuldig sie anfangs auch aussieht,
Mit der Zeit Komplikationen entstehen.

Zugegeben:
Die Liebe ist süßer als der Honig.

Es sei jedoch darauf hingewiesen,
Daß es im Garten Licht und Schatten gibt
Außer dem Lächeln,
Daß es im Garten Dornen und Tränen gibt,
Daß es im Garten nicht nur Wahrheit,
Sondern auch ein bißchen Lüge gibt.

Joaquín Pasos
Dulces seres monstruosos

Dulces seres monstruosos como el automóvil gimen por ti.
Cosas homogéneas y hasta purificadas como el carbón gimen
por ti.
Desde la primera piedra que tiró tu compañero de escuela
hasta
la última piedra que se arrojará contra ti, ¡oh futura
adúltera!
gimen por ti.
Por la más escasa y suficiente razón de tu existencia
como tu pierna de quince años,
porque has aprendido a hablar y las cosas se han quedado
asombradas
oyéndose repetidas en tu boca
porque tu seno es un pequeño universo en que podemos adorar
la redondez de Dios.

Holde Monster

Holde Wesen, monströs wie das Auto, stöhnen deinen
Namen.
Unvermischte, wie die Kohle geläuterte Dinge selbst stöhnen
deinen Namen.
Vom ersten Stein, den dein Schulfreund warf, bis zum letzten
Stein,
der gegen dich geschleudert wird, o zukünftige Ehebrecherin!,
stöhnen sie deinen Namen.
Um des geringsten und hinreichenden Grundes deiner
Existenz willen
wie deine Beine von fünfzehn Jahren,
weil du zu reden gelernt hast, und weil die Dinge staunen,
wenn sie sich
in deinem Mund wiederholt hören,
weil dein Schoß ein kleines Universum ist, in dem wir Gottes
Rundheit ehren können.

OCTAVIO PAZ
Raíz del hombre (1937)

XV

Bajo el desnudo y claro Amor que danza
hay otro negro amor, callado y tenso,
amor de oculta herida.
No llegan las palabras
a su inefable abismo,
eterno Amor inmóvil y terrible.

Bajo este Amor de soledad herida
hay una dulce ira,
un ciego amor de ira,
torbellino sombrío
donde tu nombre en sangre me devasta.

Bajo este Amor de fieras agonías
hay una sed inmóvil,
un enlutado río,
presencia de la muerte,
donde canta el olvido nuestra muerte.

Bajo esta muerte, Amor, dichoso y mudo,
no hay venas, piel ni sangre,
sino la muerte sola;
frenéticos silencios,
eternos, confundidos,
inacabable Amor manando muerte.

Urgrund des Menschen (1937)

XV

Unter der nackten und lichten Liebe, die tanzt,
gibt es eine andere, schwarze Liebe, schweigsam und drohend,
Liebe einer Wunde im Verborgenen.
Die Worte gelangen nicht
an ihren unsagbaren Abgrund,
ewige Liebe, starr und schrecklich.

Unter dieser Liebe aus verletzter Einsamkeit
gibt es einen sanften Zorn,
eine blinde Zornesliebe,
düsterer Wirbel,
in dem dein Name blutgeschrieben mich verheert.

Unter dieser Liebe grausamer Todeskämpfe
gibt es einen starren Durst,
einen Fluß in Trauer,
Gegenwart des Todes,
in dem Vergessen unseren Tod besingt.

Unter diesem Tod, Liebe, glückhaft und stumm,
gibt es keine Adern, keine Haut, kein Blut,
sondern nur den einsamen Tod;
tobende Stille,
ewig, umrißlos,
unerschöpfliche Liebe, der Tod entströmt.

Dos cuerpos

Dos cuerpos frente a frente
son a veces dos olas
y la noche es océano.

Dos cuerpos frente a frente
son a veces dos piedras
y la noche desierto.

Dos cuerpos frente a frente
son a veces raíces
en la noche enlazadas.

Dos cuerpos frente a frente
son a veces navajas
y la noche relámpago.

Dos cuerpos frente a frente
son dos astros que caen
en un cielo vacío.

Zwei Leiber

Zwei Leiber Seite an Seite
sind manchmal zwei Wellen
Ihr Meer ist die Nacht.

Zwei Leiber Seite an Seite
sind manchmal zwei Steine
Ihre Wüste ist die Nacht.

Zwei Leiber Seite an Seite
sind manchmal zwei Wurzeln
Ihr Grund ist die Nacht.

Zwei Leiber Seite an Seite
sind manchmal zwei Klingen
Ihr Blitz ist die Nacht.

Zwei Leiber Seite an Seite
sind zwei Sterne, stürzend
vom leeren Himmel.

Garabato

Con un trozo de carbón
Con mi gis roto y mi lápiz rojo
Dibujar tu nombre
El nombre de tu boca
El signo de tus piernas
En la pared de nadie
En la puerta prohibida
Grabar el nombre de tu cuerpo
Hasta que la hoja de mi navaja
Sangre
        Y la piedra grite
Y el muro respire como un pecho

Gekritzel

Mit einem Stück Kohle
Mit meiner zerbrochenen Kreide und meinem Rotstift
Deinen Namen zeichnen
Den Namen deines Mundes
Das Zeichen deiner Beine
Auf die Niemandswand
Auf die verbotene Tür
Einritzen den Namen deines Körpers
Bis die Klinge meines Messers
Blutet
        Und der Stein schreit
Und die Mauer atmet wie eine Brust

Juan Liscano
Entre escombros

Entre escombros
andamos sin adelantar.
Vagamos entre brumas o entre luces de tiza tropical.
Llueve a torrentes o cae una garúa.
Hay gente ríos de gente
somos también gente
anónima errante igual asfixiada.
Tomo tu mano como entre sombras
como en el cuarto oscuro
cuando se tiene seis años
y se entra de puntillas en el desván prohibido.
Frutas son tus manos.
Erramos de ayer a mañana
pasando por hoy
por un espinar
por una línea de fuego
por una calle de aparecidos
por corredores de hotel
y balcones
balcones flotantes de yerbas y lámparas
y huele mal
huele a mundo podrido
a gente con dentadura enferma
a exudación de ajo
a pie y a calcetines usados
pero tu mano aroma en mi mano
y es día de gloria este día de tomar tu mano
entre los detritus y los harapos
entre las ruinas y los aparecidos
los muros que se persiguen y los erizos de acero
el vacío relleno de vacíos

Zwischen Trümmern

Zwischen Trümmern
laufen wir ohne vorwärtszukommen.
Wir durchstreifen Nebel und Lichter von tropischer Kreide.
Es regnet in Strömen oder es nieselt.
Da gibt es Leute Ströme von Leuten
                    auch wir sind Leute
namenlos ziellos austauschbar totengleich.
Ich nehme deine Hand wie zwischen Schatten
wie im dunklen Zimmer
wenn man sechs Jahre alt ist
und auf Zehenspitzen in die verbotene Kammer geht.
Deine Hände sind Früchte.
Wir irren von gestern nach morgen
laufen durch heute
durch ein Dornengestrüpp
durch eine Feuerlinie
durch eine Geisterstraße
durch Hotelkorridore
und Balkone
schwebende Pflanzen- und Lampenbalkone
und es riecht schlecht
              es riecht nach verfaulter Welt
nach Menschen mit schlechten Zähnen
nach Knoblauchausdünstungen
nach Füßen und getragenen Socken
doch deine Hand duftet in meiner Hand
und es ist ein Freudentag dieser Tag deine Hand zu nehmen
zwischen den Abfällen und Lumpen
zwischen den Ruinen und Gespenstern
die Mauern die sich verfolgen und die Stahligel
die von Leere übervolle Leere

las plantaciones de puños
las islas de los desterrados
las playas minadas
el mar cubierto de pecios y de balsas
donde oímos relinchar al caballo fantasma
recuerdo de épocas felices
tiempos de viñedos aceites y mármoles
tiempos de haciendas y cueros de montar
porque toda desgracia empieza ahora
es siempre actual actuante
la desgracia es el presente
es lo que es
lo diario el tropezón el traspiés inmediato
la caída
el obstáculo
el golpe por la espalda
el sonreído rostro del traidor
el otro o los otros
las desgracias son los demás
y es también
lo que desperdiciamos de nosotros.
Pero tú me completas
no en desgracias sino en pasado y en futuro
en la mitad radiante y frutal
que mi júbilo empieza a saborear
y delicias me brindas ahora
entre hinchadas esponjas humanas
y putrefacciones milenarias
entre basureros zumbantes y cápsulas espaciales
entre los objetos que nos dominan
y los objetos dominados
sacias mi dicha
porque la dicha es ahora
es hoy
es ya
y de tu mano a mi mano
pasa un vuelo transparente.

die Fäusteplantagen
die Inseln der Verbannten
die verminten Strände
das mit Wracks und Flößen bedeckte Meer
wo wir das Geisterpferd wiehern hören
ich erinnere mich an glückliche Zeitalter
Zeiten der Ölberge und des Marmors
Zeiten der Haziendas und des Reitleders
weil alles Unglück jetzt beginnt
wirklich ist immer nur der Moment
das Unglück ist die Gegenwart
es ist was es ist
das Tagtägliche das Straucheln das Stolpern gleich jetzt
das Stürzen
das Hindernis
der Stoß in den Rücken
das lächelnde Gesicht des Verräters
der andere oder die anderen
das Unglück sind die nicht wir sind
und es ist auch
was wir von uns verschwenden.
Aber du gibst was mir fehlt
nicht an Unglück sondern an Vergangenheit und Zukunft
an strahlend blühender Mitte
an der sich mein Jubel zu laben beginnt
und bringst mir jetzt Wonnen dar
zwischen schwellenden menschlichen Schwämmen
und jahrtausendalten Fäulnissen
zwischen schwirrenden Mülltonnen und Raumkapseln
zwischen den Gegenständen die uns beherrschen
und den beherrschten Gegenständen
du erfüllst mein Glück
denn das Glück ist jetzt
ist heute
ist da
und von deiner Hand zu meiner Hand
geht ein heller Flug.

Gonzalo Rojas
¿Qué se ama cuando se ama?

¿Qué se ama cuando se ama, mi Dios: la luz terrible de la vida
o la luz de la muerte? ¿Qué se busca, qué se halla, qué
es eso: amor? ¿Quién es? ¿La mujer con su hondura, sus rosas, sus volcanes,
o este sol colorado que es mi sangre furiosa
cuando entro en ella hasta las últimas raíces?

¿O todo es un gran juego, Dios mío, y no hay mujer
ni hay hombre sino un solo cuerpo: el tuyo,
repartido en estrellas de hermosura, en partículas fugaces
de eternidad visible?

Me muero en esto, oh Dios, en esta guerra
de ir y venir entre ellas por las calles, de no poder amar
trescientas a la vez, porque estoy condenado siempre a una,
a esa una, a esa única que me diste en el viejo paraíso.

Was lieben wir, wenn wir lieben?

Was lieben wir, wenn wir lieben, mein Gott: das Schreckenslicht des Lebens
oder das Licht des Todes? Was suchen, was finden wir, was
ist das: Liebe? Wer ist sie? Die Frau mit ihrer Tiefe, ihren Rosen, ihren Vulkanen?
Oder diese rote Sonne, die mein rasendes Blut ist,
wenn ich bis in die Wurzelfasern in sie eindringe?

Oder ist alles ein großes Spiel, mein Gott, und es gibt keine Frau
und keinen Mann, nur einen einzigen Leib: deinen,
verteilt in Sternen von Schönheit, in flüchtigen Teilchen
sichtbarer Ewigkeit?

Darin sterbe ich, o Gott, in diesem Krieg,
zwischen ihnen durch die Straßen zu kommen und zu gehen und nicht dreihundert zugleich
lieben zu können, weil ich immer zu einer verurteilt bin,
zu dieser einen, dieser einzigen, die du mir gabst im alten Paradies.

Mario Benedetti
Táctica y estrategia

Mi táctica es
mirarte
aprender como sos
quererte como sos

mi táctica es
hablarte
y escucharte
construir con palabras
un puente indestructible

mi táctica es
quedarme en tu recuerdo
no sé cómo ni sé
con qué pretexto
pero quedarme en vos

mi táctica es
ser franco
y saber que sos franca
y que no nos vendamos
simulacros
para que entre los dos
no haya telón
ni abismos

mi estrategia es
en cambio
más profunda y más
simple

Taktik und Strategie

Meine Taktik ist
dich anzusehen
zu lernen wie du bist
dich zu lieben wie du bist

meine Taktik ist
dich anzureden
und dir zuzuhören
mit Worten eine unzerstörbare Brücke
zu errichten

meine Taktik ist
dir in Erinnerung zu bleiben
ich weiß nicht wie noch weiß ich
unter welchem Vorwand
aber in dir zu bleiben

meine Taktik ist
offen zu sein
und zu wissen daß du offen bist
und daß wir einander
nichts vormachen
damit es zwischen uns beiden
weder Vorhang gibt
noch Abgründe

meine Strategie ist
dagegen
viel gründlicher und viel
einfacher

mi estrategia es
que un día cualquiera
no sé cómo ni sé
con qué pretexto
por fin me necesites.

meine Strategie ist
daß eines Tages
ich weiß nicht wie noch weiß ich
unter welchem Vorwand
du mich endlich brauchst.

Olga Orozco
Para hacer tu talismán

Se necesita sólo tu corazón
hecho a la viva imagen de tu demonio o de tu dios.
Un corazón apenas, como un crisol de brasas para la idolatría.
Nada más que un indefenso corazón enamorado.
Déjalo a la intemperie,
donde la hierba aúlle sus endechas de nodriza loca
y no pueda dormir,
donde el viento y la lluvia dejen caer su látigo en un golpe de azul escalofrío
sin convertirlo en mármol y sin partirlo en dos,
donde la oscuridad abra sus madrigueras a todas las jaurías
y no logre olvidar.
Arrójalo después desde lo alto de su amor al hervidero de la bruma.
Ponlo luego a secar en el sordo regazo de la piedra,
y escarba, escarba en él con una aguja fría hasta arrancar el último grano de esperanza.
Deja que lo sofoquen las fiebres y la ortiga,
que lo sacuda el trote ritual de la alimaña,
que lo envuelva la injuria hecha con los jirones de sus antiguas glorias.
Y cuando un día un año lo aprisione con la garra de un siglo,
antes que sea tarde,
antes que se convierta en momia deslumbrante,
abre de par en par y una por una todas sus heridas:
que las exhiba al sol de la piedad, lo mismo que el mendigo,
que plaña su delirio en el desierto,

Um deinen Talisman zu machen

Man braucht nur dein Herz
geformt aus dem lebenden Bild deines Dämons oder deines
Gottes.
Nur eben ein Herz, wie ein Kohlebecken zur Anbetung der
Götzen.
Es reicht ein wehrloses Herz, das liebt.
Laß es in Wind und Wetter,
dort wo das Gras als verwirrte Amme ein Klagelied heult,
damit es nicht schläft,
wo Sturm und Regen ihre Peitsche schwingen in einem Hieb
blauen Fröstelns,
ohne es in Marmor zu verwandeln und ohne es zu zerspalten,
wo die Finsternis ihre Tiefen öffnet für jede Meute,
damit es nicht fähig ist, zu vergessen.
Dann wirf es von der Höhe seiner Liebe in den brodelnden
Nebel.
Leg es zum Trocknen auf den stumpfen Felsschoß,
und wühl in ihm, wühl mit kalter Nadel, bis du ihm das
letzte Gran Hoffnung entreißt.
Laß es ersticken in Fieberwahn und Nesseln,
laß Ungeziefer mit rituellem Trott es beuteln,
die Schande, aus den Fetzen früheren Ruhms, es umwickeln.
Und wenn ein Tag, ein Jahr es würgt mit der Pranke eines
ganzen Jahrhunderts
bevor es zu spät ist,
bevor es noch zur Mumie wird mit magischem Glanz
öffne einzelweis weit all seine Wunden:
Es soll sie der Sonne des Mitleids preisgeben, genau wie der
Bettler,
der in der Einöde seinen Wahn herausweint,

hasta que sólo el eco de un nombre crezca en él con la furia del hambre:
un incesante golpe de cuchara contra el plato vacío.

Si sobrevive aún,
si ha llegado hasta aquí hecho a la viva imagen de tu demonio o de tu dios;
he ahí un talismán más inflexible que la ley,
más fuerte que las armas y el mal del enemigo.
Guárdalo en la vigilia de tu pecho igual que a un centinela.
Pero vela con él.
Puede crecer en ti como la mordedura de la lepra;
puede ser tu verdugo.
¡ El inocente monstruo, el insaciable comensal de tu muerte!

bis nur noch das Echo eines Namens in ihm wächst mit der
Wut des Hungers:
ein stetes Löffelklirren auf leerem Teller.

Sollte es dann noch leben,
Sollte es bis dahin gelangen, nach dem lebenden Bild deines
Dämons oder deines Gottes;
dann haben wir einen Talisman, unbeugsamer als das Gesetz,
stärker als die Waffen und das Leid des Feindes.
Bewahr es als Hüter deiner Brust, als sei es ein Wächter.
Doch wache mit ihm.
Es könnte wachsen in dir wie der Brand der Lepra;
es könnte dein Henker sein.
Das unschuldige Monstrum, der unersättliche Tischgenosse
deines Todes!

Idea Vilariño
Y qué

Tomo tu amor
y qué
te doy mi amor
y qué
tendremos tardes noches
embriagueces
veranos
todo el placer
toda la dicha
toda la ternura.
Y qué.
Siempre estará faltando
la honda mentira
el siempre.

Na und

Ich nehme mir deine Liebe
na und
und gebe dir meine Liebe
na und
wir werden Tage Nächte
Wonnen
Sommer
haben die ganze Lust
das ganze Glück
die ganze Zärtlichkeit.
Na und.
Immer wird etwas fehlen
die tiefe Lüge
das Immer.

El amor

Un pájaro me canta
y yo le canto
me gorjea al oído
y le gorjeo
me hiere y yo le sangro
me destroza
lo quiebro
me deshace
lo rompo
me ayuda
lo levanto
lleno todo de paz
todo de guerra
todo de odio de amor
y desatado
gime su voz y gimo
río y ríe
y me mira y lo miro
me dice y yo le digo
y me ama y lo amo
– no se trata de amor
damos la vida –
y me pide y le pido
y me vence y lo venzo
y me acaba y lo acabo.

Die Liebe

Ein Vogel singt mir
und ich singe ihm
mir zwitschert er ins Ohr
und ihm zwitschere ich
mich verletzt er und ihn verwunde ich
mich zerreißt er
ihn zermalme ich
mich vernichtet er
ihn breche ich
mir hilft er
ihn erhebe ich
ganz erfüllt von Frieden
von Krieg
von Haß von Liebe
und entfesselt
stöhnt er und stöhne ich
lache ich und lacht er
und mich sieht er und ihn sehe ich
mir sagt er und ihm sage ich
und mich liebt er und ihn liebe ich
– es ist nicht Liebe
wir geben das Leben –
und mich bittet er und ihn bitte ich
und mich besiegt er und ihn besiege ich
und mich vollendet er und ihn vollende ich.

Jaime Sáenz
Prefiero irme

Ya estoy cansado no quiero hacerme ilusiones en el país de los
muertos estaré vivo
para dejar de estar muerto entre los vivos quiero irme no me
des consejos no me mortifiques no me digas nada
tu cara me marea tu voz me limita tus gustos me
disgustan tu vida me causa malestar
ándate a dormir con tu cuerpito entre tus brazos no te
necesito para nada
si te pones a mi alcance te morderé si te pones a espiarme te
empujaré
tu sola presencia me trae mala suerte tus caderas antieconómi-
cas me llevan al descalabro y tus costumbres también
apártate de mi vista no me molestes tu lengua será famosa pe-
ro me importa un carajo no es nada edificante me hace
perder la fe
déjate de cosas y cositas no me hables ni me mires no me ex-
pongas al crimen no quiero saber nada
contigo o sin ti me estaré y no cambiará ni el mundo ni la vida
contigo o sin ti te estarás lo mismo que conmigo o sin mí
prefiero morir conmigo y sin ti antes que vivir contigo un sin
mí
odio el escándalo no grites no provoques el cuchillo no toques
en ti no encuentro la solución
eres buena pero mala eres bonita pero fea sabrás bailar pero
no cocinar no seas así
con tus cabellos despeinados a la última moda me haces

Ich gehe lieber

Ich bin es leid ich will mir nichts mehr vormachen im Land
der Toten werde ich lebendig sein
um nicht mehr tot zu sein unter den Lebenden will ich gehen
gib mir keine Ratschläge quäl mich nicht sag mir nichts
dein Gesicht macht mich krank deine Stimme engt mich ein
was dir gefällt mißfällt mir dein Leben tut mir nicht gut
geh schlafen mit deinem kleinen Körper in deinen Armen ich
brauche dich nicht
wenn du in meine Nähe kommst beiße ich dich wenn du mir
hinterherkommst verjage ich dich
deine bloße Gegenwart bringt mir Pech deine unwirtschaftli-
chen Hüften treiben mich ins Unglück und deine
Gewohnheiten auch
geh mir aus den Augen stör mich nicht du magst schön reden
können aber das interessiert mich einen Dreck deine Reden
sind alles andere als erbaulich sie lassen mich
den Glauben verlieren
laß den Unsinn sprich mich nicht an schau mich nicht an be-
schwöre kein Verbrechen herauf ich will nichts wissen
davon
mit dir oder ohne dich komme ich zurecht und weder die
Welt noch das Leben werden sich verändern
mit dir oder ohne dich bleibst du genauso wie mit mir oder
ohne mich
ich sterbe lieber mit mir und ohne dich bevor ich mit dir ein
Ohnemich lebe
ich hasse Lärm schreie nicht treib es nicht auf die Spitze laß es
in dir finde ich keine Lösung
du bist gut aber schlecht du bist schön aber häßlich du kannst
vielleicht tanzen aber nicht kochen sei doch nicht so
mit deinem Haar zerzaust nach der neuesten Mode

cosquillas se ha hablado se ha visto se ha pensado se ha
estudiado demasiado
por favor no metas bulla no me tengas sobre ascuas no me di-
gas buenas noches por favor desaparece.

machst du mich wahnsinnig zu viel geredet gesehen gedacht
zu viel gelernt
bitte mach kein Geschrei laß mich nicht auf Kohlen
sitzen sage mir nicht Gute-Nacht bitte verschwinde.

Cintio Vitier
A mi esposa

Ahora que empieza a caer, del cielo
de nuestra vida, que sólo nosotros podemos ver,
profundo, estrellado, carne y alma nuestra,
ese polvillo sagaz en tu nocturno pelo,
ahora que el lápiz finísimo, grabando
una medida sagrada, una cantidad misteriosa
del vino que sube en la jarra de la ofrenda,
empieza a trazar, junto a tus ojos, vivos
como ciervos bebiendo en el agua extasiada,
junto a tus labios que han dicho todas las palabras que adoro,
las huellas del tránsito de nuestra juventud,
ahora, lleno de un fuego y de un peso de amor que desconocía
porque estábamos engendrándolo secretamente en nuestro corazón
y es algo mucho más terrible y precioso que el amor que diariamente conocíamos,
ahora, mujer, ahora, destinada mía,
es cuando quiero hacerte un canto de amor, un homenaje,
que dice únicamente así: Te amo, lo mismo
en el día de hoy que en la eternidad,
en el cuerpo, que en el alma, y en el alma del cuerpo y en el cuerpo del alma,
lo mismo en el dolor que en la bienaventuranza,
para siempre.

14 de julio de 1963.

Für meine Frau

Jetzt, da allmählich von unsres Lebens
Himmel, tief, sternenhell, nur für uns sichtbar,
unsrer beider Körper und Seele, dieser kluge feine
Staub auf dein nächtlich Haupt herabfällt, jetzt,
da ein feiner Stichel das unüberschreitbare
Maß kerbt, die rätselhaft erreichte Menge
im Gabenkrug ansteigenden Weines, und da er
nah deinen Augen, so lebendig wie Rehe,
die verzaubertes Wasser trinken, und nah deinem Munde,
der alle Sätze gesagt hat, die ich so liebe,
die Spuren nachzeichnet unserer schwindenden Jugend, jetzt,
da ich brenne in einem Feuer und schwer bin von einer Liebe,
die ich nicht kannte,
mußten wir es doch erst erschaffen in aller Stille in unseren
Herzen,
ein Gefühl, verheerender und kostbarer als die Alltagsliebe,
die tagtäglich wir lebten,
Jetzt, Weib, du mir Bestimmte, jetzt möcht ich
von Liebe dir singen, im Gesang dich lobpreisen,
ein ganz einfaches Lied: Ich liebe dich,
heute und bis ans Ende der Zeiten,
mit Körper und Geist und mit des Körpers Geist und des
Geistes Körper,
in Not und in Seligkeit,
alle Zeit.

14. Juli 1963

Álvaro Mutis
Lied marino

Vine a llamarte
a los acantilados.
Lancé tu nombre
y sólo el mar me respondió
desde la leche instantánea
y voraz de sus espumas.
Por el desorden recurrente
de las aguas cruza tu nombre
como un pez que se debate y huye
hacia la vasta lejanía.
Hacia un horizonte
de menta y sombra,
viaja tu nombre
rodando por el mar del verano.
Con la noche que llega
regresan la soledad y su cortejo
de sueños funerales.

Meereslied

Ich kam,
dich zu den Steilküsten zu rufen.
Ich schleuderte deinen Namen hinaus,
und nur das Meer gab mir Antwort
aus der kurzlebigen
und gefräßigen Milch seines Schaums.
Durch das wiederkehrende Chaos
der Wasser kreuzt dein Name
wie ein Fisch, der um sein Leben kämpft und flieht
in die weite Ferne.
Zu einem Horizont
von Minze und Schatten
reist dein Name
kreist durch das Sommermeer.
Mit der Nacht, die anbricht,
kehrt die Einsamkeit zurück mit ihrem Gefolge
von Todesträumen.

Sonata

Otra vez el tiempo te ha traído
al cerco de mis sueños funerales.
Tu piel, cierta humedad salina,
tus ojos asombrados de otros días,
con tu voz han venido, con tu pelo.
El tiempo, muchacha, que trabaja
como loba que entierra a sus cachorros
como óxido en las armas de caza,
como alga en la quilla del navío,
como lengua que lame la sal de los dormidos,
como el aire que sube de las minas,
como tren en la noche de los páramos.
De su opaco trabajo nos nutrimos
como pan de cristiano o rancia carne
que se enjuta en la fiebre de los ghettos.
A la sombra del tiempo, amiga mía,
un agua mansa de acequia me devuelve
lo que guardo de ti para ayudarme
a llegar hasta el fin de cada día.

Sonate

Erneut hat die Zeit in den Bann
meiner Totenträume dich gebracht.
Deine Haut, die gewisse salzige Feuchte,
deine Augen, scheu aus früheren Tagen,
kamen mit deiner Stimme, mit deinem Haar.
Die Zeit, mein Mädchen, ist emsig
wie eine Wölfin beim Vergraben ihrer Welpen,
wie der Rost alter Waffen zur Jagd,
wie die Algen am Kiel eines Schiffes,
wie die Zunge, die der Schlafenden Salz schlürft,
wie die Luft, die aus Bergwerken weicht,
wie der Zug in nächtlicher Steppe.
Wir nähren uns von ihrem zähen Fleiß
wie von ranzigem Fleisch oder Gnadenbrot,
das verdorrt im Fieberwahn der Ghettos.
Im Schatten der Zeit, meine Freundin,
bringt ein sanftes Rinnsal mir wieder,
was von dir ich bewahre, und hilft mir,
jeden Tag bis ans Ende zu gelangen.

FERNANDO ARBELÁEZ

Debiéramos tener tiempo de amarnos
pero todo nos empuja
y no nos deja tener los largos años
que nuestras bocas quisieran.
Se nos urge y despierta
en las tristes mañanas
para lanzarnos a vivir entre los muertos.
Nos debiéramos amar muy largamente
y, no es posible, Amor,
los pasos, los oscuros vaivenes de los días,
las largas nieblas nocturnas,
nos separan un poco,
nos vuelven lejanía,
besos de ayer en el feliz momento,
leyendas casi y formas dolorosas
que ya en tus ojos tórnanse recuerdo.

Wir sollten Zeit haben, uns zu lieben,
aber alles treibt uns
und läßt uns nicht die langen Jahre,
die unsere Münder möchten.
Es drängt und weckt uns
an den traurigen Morgen,
uns ins Leben zwischen die Toten zu stürzen.
Wir sollten uns sehr lange lieben,
und es ist nicht möglich, Liebste,
die Schritte, das dunkle Hin und Her der Tage,
die langen nächtlichen Nebel,
trennen uns ein Stück,
bringen uns Ferne wieder,
Küsse von gestern im glücklichen Augenblick,
Legenden fast und schmerzliche Formen,
die schon in deinen Augen Erinnerung werden.

Jorge Gaitán Durán
Se juntan desnudos

Dos cuerpos que se juntan desnudos
solos en la ciudad donde habitan los astros
inventan sin reposo al deseo.
No se ven cuando se aman, bellos
o atroces arden como dos mundos
que una vez cada mil años se cruzan en el cielo.
Sólo en la palabra, luna inútil, miramos
cómo nuestros cuerpos son cuando se abrazan,
se penetran, escupen, sangran, rocas que se destrozan,
estrellas enemigas, imperios que se afrentan.
Se acarician efímeros entre mil soles
que se despedazan, se besan hasta el fondo,
saltan como dos delfines blancos en el día,
pasan como un solo incendio por la noche.

Sie vereinen sich nackt

Zwei Körper, die nackt sich vereinen,
allein in der Stadt, wo die Sterne wohnen,
erfinden unermüdlich die Begierde.
Sehen sich nicht, wenn sie lieben, glühen
schön oder grausam wie zwei Welten,
die einmal am Himmel sich kreuzen in tausend Jahren.
Nur im Wort, sinnloser Mond, sehen wir
unsre Körper, wie sie sind, wenn sie einander umarmen,
in sich dringen, speien, bluten, sich zerstörende Felsen,
feindliche Sterne, zerstrittene Reiche.
Sie liebkosen einander flüchtig unter tausend Sonnen,
die zerbersten, küssen sich bis auf den Grund,
springen wie zwei weiße Delphine in den Tag,
vergehen wie ein einziges nächtliches Feuer.

Siesta

Voy por tu cuerpo como por el mundo
Octavio Paz

Es la siesta feliz entre los árboles,
Transpasa el sol las hojas, todo arde,
El tiempo corre entre la luz y el cielo
Como un furtivo dios deja las cosas.
El mediodía fluye en tu desnudo
Como el soplo de estío por el aire.
En tus senos trepidan los veranos.
Sientes pasar la tierra por tu cuerpo
Como cruza una estrella el firmamento.
El mar vuela a lo lejos como un pájaro.
Sobre el polvo invencible en que has dormido
Esta sombra ligera marca el peso
De un abrazo solar contra el destino.
Somos dos en lo alto de una vida.
Somos uno en lo alto del instante.
Tu cuerpo es una luna impenetrable
Que el esplendor destruye en esta hora.
Cuando abro tu carne hiero al tiempo,
Cubro con mi aflicción la dinastía,
Basta mi voz para borrar los dioses,
Me hundo en ti para enfrentar la muerte.
El mediodía es vasto como el mundo.
Canta el cuerpo en la luz, la tierra canta,
Danza en el sol de todos los colores,
Cada sabor es único en mi lengua.
Soy un súbito amor por cada cosa.
Miro, palpo sin fin, cada sentido
Es un espejo breve en la delicia.

Siesta

Ich streife über deinen Körper wie durch die Welt.
Octavio Paz

Die Siesta ist Glück im Schatten der Bäume,
die Sonne strahlt durch das Laub, alles glüht,
die Zeit eilt dahin zwischen Licht und Himmel,
wie ein fliehender Gott die Dinge verläßt.
Auf deiner Nacktheit flackert der Mittag,
wie die flirrende Brise in der Luft.
Mit deinen Brüsten erzittern die Sommer.
Du spürst die Erdenflut in deinem Körper,
so ist am Firmament der Zug der Sterne.
Vogelgleich hängt fern das Meer in der Schwebe.
In den unbesiegbaren Staub, wo du schliefst,
prägt dieser sanfte Schatten die Schwere
einer Sonnenumarmung, dem Schicksal zum Trotz.
Wir sind zwei auf der Höhe eines Lebens.
Wir sind eins auf der Höhe des Augenblicks.
Ein undurchdringlicher Mond ist dein Körper,
den der Lichtstrahl zerstört zu dieser Stunde.
Als ich ihn öffne, verletze ich die Zeit,
lade alles Leid den Herrschenden auf,
reicht meine Stimme, um die Götter zu tilgen,
dringe ich in dich, um den Tod zu fordern.
Der Mittag ist grenzenlos weit wie die Welt.
Im Licht singt der Körper und singt die Erde,
tanzt in allen Farben der Sonnenglut,
auf meiner Zunge ist jeder Geschmack einzig.
Für jedes Ding entflammt jäh meine Liebe.
Ich schaue, taste endlos, alles Fühlen
ist nur begrenzt ein Spiegel in der Wonne.

Te miro envuelta en un sudor espeso.
Bebemos vino rojo. Las naranjas
Dejan su agudo olor entre tus labios.
Son los grandes calores del verano.
El fugitivo sol busca tus plantas,
El mundo huye por el firmamento,
Llenamos esta nada con las nubes,
Hemos hurtado al ser cada momento,
Te desnudé a la par con nuestro duelo.
Sé que voy a morir. Termina el día.

Dich sehe ich von dichtem Schweiß bedeckt.
Wir trinken roten Wein. Und die Orangen
legen bitteren Duft auf deine Lippen.
So sind die Tage starker Sommerhitze.
Fluchtartig sucht die Sonne deine Sohlen,
und rasch entweicht die Welt am Horizont.
Wir füllen diese Leere mit den Wolken,
haben jeden Augenblick dem Sein geraubt,
zugleich mit dir entblößte ich den Schmerz.
Ich weiß von meinem Tod. Es naht der Abend.

Carlos Martínez Rivas
La puesta en el sepulcro

Decimocuarta Estación

Cuando ya no me quieras.

Cuando ya no me quieras
y no podamos estropear nada
porque nada estará vivo y confiado.

Cuando tú te hayas ido
y yo me haya ido
y los de la música se hayan marchado
y el portón se cierre
(dentro, pasan el largo fierro por la argolla
afianzando con la correa el cerrojo
y soplan los candiles
y las mechas se quedan humeando);

diremos: »Algo se ha perdido.
No mucho. Nunca es mucho. Pero
algo esencial – un culto, un lenguaje,
un rito – está perdido.«

Cuando hayamos dejado de ser esto que somos:
pareja expuesta al dardo,
mal avenida pero bien enlazada,
y nos dispersemos en otros círculos
y nos disipemos en otras charlas;

habrá quien diga: »Aquí dos seres carmesíes
se atraparon. Los vimos
balancearse estremecerse oscilar
retornar a la seguridad
y caer.«

Grablegung

Vierzehnte Station

Wenn du mich nicht mehr liebst.

Wenn du mich nicht mehr liebst
und nichts mehr von uns zerstört werden kann,
weil alles tot ist und kein Vertrauen verdient.

Wenn du fortgingst
und wenn ich gegangen bin
und die Musik die Bühne verließ
und wenn die Haustür sich schließt
(drinnen wird der Metallpflock in den Stahlring geschoben
und der Riegel mit einem Riemen verzurrt,
und sie blasen die Lampen aus,
und es glosen die Dochte);

werden wir sagen: »Etwas ist nun verloren,
nicht viel – viel ist es niemals –
aber etwas, das schwer wog – ein Kult, eine Art der Rede,
ein Ritus ging uns verloren.«

Wenn wir aufgehört haben zu sein, was wir sind:
ein Paar, ausgeliefert dem Hohn,
uneins, doch eng aneinandergefesselt,
wenn wir, uns trennend, in andere Kreise gelangen
und uns betäuben in einem andern Gespräch;

werden einige sagen: »Hier haben
sich zwei karmesinrote Wesen betrogen. Wir sahen
sie unschlüssig stehen, schaudern und schwanken,
erneut ihr Gleichgewicht finden
und stürzen.«

Para entonces, el zumbido del tractor
volverá a oírse desde el fondo del llano.
Las chorejas del guanacaste caerán
con su golpe seco frente al portal.

Pero esos rumores de la vida
nos llegarán por separado,
y otro sol será tu sol
y otra luna será mi luna.

Cuando ya no me quieras.

Cuando en la reunión tus ojos
al encontrar los míos ya no digan:
»Aguarda a que termine con esta gente,
pero mi corazón te pertenece.«

Cuando en las sucesivas fases de tu errabunda
búsqueda femenina
ames a otro;
y te descalces delante de otro cetro
y te desveles bajo otra antorcha
y triturada por otros trapiches trasiegues
el poder que yo te transmití;

pensaré, aguzadamente: »Ya se le agotará.
Y entonces vendrá a mí y no le daré más.«

Y así siga por el mundo y a través de los días
rumiándote en el hosco destierro,
granitizándome en la frustración y el orgullo
como un mendigo sobre un pedestal.
Remontando el obstruído pasado
como un sucio canal maloliente en el crepúsculo:

Wiederum wird das Dröhnen des Traktors
in der Tiefe des Ackers zu hören sein.
Die Schalen des Guanacaste werden mit trockenem Aufprall
auf die Erde fallen vor der Front des Portals.

Jeden für sich jedoch
werden diese Laute des Lebens erreichen,
und eine andere Sonne wird dein Taggestirn sein
und eine andere Mondensichel mein Mond.

Wenn du mich nicht mehr liebst.

Wenn deine Augen in einer Beratung,
sobald sie den meinen begegnen, länger nicht sagen: »Warte,
bis ich mit all diesen Menschen geendet hab,
aber mein Herz gehört dir.«

Wenn du in künftigen Stadien
deiner unsteten weiblichen Suche
einen anderen liebst
und die Schuhe ablegst vor einem anderen Zepter
und unter anderen Fackeln erwachst,
wenn du, von anderen Mühlen zermahlen,
umkehrst die Macht, die ich dir übertrug,

werde ich unbestechlich denken: »Versiegen wird sie in ihr,
und sie wird zu mir kommen, und ich werde ihr nichts mehr
gewähren.«

Und so werde ich weiterziehn durch die Welt und die Tage
mit der Erinnrung an dich in der düstren Verbannung,
um zu Granit zu werden aus Enttäuschung und Stolz
wie auf dem Denkmalssockel ein Bettler.
Durchqueren werde ich die verschloßne Vergangenheit
wie einen stinkenden, trüben Kanal in der Dämmerung.

»Aquí estuve brutal... (y las enconadas
palabras)
Allí comenzó el desierto... (vuelven
a arraigarse)
En aquel banco trató de herirme...
(cobrando lozanía como gladiolas)
Tal día...«

Y así te evoque. Así conjure tu sombra
agujereándola de flaquezas y máculas.

Cuando ya no me quieras
y yo ya no te tema.

Cuando contentadizo, trivial, inadecuado
para la soledad y la amargura
yo mismo haya olvidado – cuando
ya no me quieras – que me quisiste;

garras y mantos de mujeres: Furias
como Pietás,
Erinnias disfrazadas de monjas
me depositarán
en la oscura y helada tumba que me busqué.

Sierras de Managua, Viernes Santo 1953/ Viernes 6 junio 1980

»Hier war ich roh und gefühllos... (und die Worte,
mit Haß erfüllt)
Hier begannen die Wüsten... (schlagen
wieder Wurzeln)
Auf jener Bank versuchte sie, mich zu verletzen...
(Und wuchern so wie Gladiolen.)
An einem solchen Tag...«

Und so rufe ich die Erinnerung wach. So beschwöre ich
deinen Schatten,
ihn durch Flecken und Unzulänglichkeit zu zerreißen.

Wenn du mich nicht mehr liebst
und ich aufgehört hab, dich zu fürchten.

Wenn ich genügsam, befangen vom Alltag, untauglich
für die Einsamkeit und die Bitternis,
selbst vergessen hab – wenn du
aufgehört hast, mich zu lieben – daß du mich liebtest;

werden Taschen und Mäntel von Frauen: Furien
ebenso wie klagende Frauen unter dem Kreuze,
Erinnyen, als Nonnen verkleidet,
mich zu Grabe tragen
in die dunkle und frierende Felsgruft, die ich gewählt hab.

Sierras de Managua, Karfreitag 1953/ Freitag, den 6. Juni 1980

Rosario Castellanos
Elegía

Nunca, como a tu lado, fui de piedra.

Y yo que me soñaba nube, agua,
aire sobre la hoja,
fuego de mil cambiantes llamaradas,
sólo supe yacer,
pesar, que es lo que sabe hacer la piedra
alrededor del cuello del ahogado.

Elegie

Nie war ich aus Stein, wie an deiner Seite.

Und ich, die einst mich als Wolke träumte, als Wasser,
als Brise in Laubwerk,
als Feuer aus tausend schillernden Flammen,
ich konnte nur liegen,
lasten, wie es der Stein tut
am Hals des Ertrinkenden.

Pequeña crónica

Entre nosotros hubo
lo que hay entre dos cuando se aman:
sangre del himen roto. (¿Te das cuenta?
Virgen a los treinta años ¡ y poetisa! Lagarto.)

La hemorragia mensual o esa en la que un niño
dice que sí, dice que no a la vida.

Y la vena
– mía o de otra ¿qué más da? – en que el tajo
suicida se hundió un poco o lo bastante
como para volverse una esquela mortuória.

Hubo, quizá, también otros humores:
el sudor del trabajo, el del placer,
la secreción verdosa de la cólera,
semen, saliva, lágrimas.

Nada, en fin, que un buen baño no borre. Y me pregunto
con qué voy a escribir, entonces, nuestra historia.
¿Con tinta? ; Ay! Si la tinta
viene de tan ajenos manantiales.

Kleine Chronik

Zwischen uns war,
was ist zwischen zweien, die sich lieben:
Blut des verletzten Hymens. (Denk nur –
Jungfrau mit dreißig und Poetin! Ein Witz.)

Das Blut jeden Monat oder das, wenn ein Kind
ja sagt, nein sagt zum Leben.

Und die Schlagader
– meine oder die einer andren, was soll's? – in der die Schneide
zum Selbstmord ein wenig versank oder eben genug,
um als Todesanzeige zu enden.

Vielleicht gab es auch andere Säfte:
den Schweiß der Arbeit, der Lust,
den grünen Choleraauswurf,
Samen, Speichel, Tränen.

Nichts also, was ein wohliges Bad nicht behebt. Und da frag
ich mich,
womit soll ich nun unsre Geschichte noch schreiben?
Mit Tinte? Ach! Die Tinte,
die entspringt doch so fremden Quellen.

Roberto Juarroz
Tu ojo me ve más

Tu ojo me ve más
con la parte que no me mira.
Mi ausencia es la presencia
de tu ausencia.
La piedra vive
por el lado de abajo.
El corazón calza su empeño más firme
en el juego inmóvil que juega
entre latido y latido.

¡ Cuántas veces el día salta en medio de la noche
y nos confirma el sesgo
de la flor sin la cual todo es imposible!
¡ Cuántas veces hablamos
con el reverso impar de las palabras!
¡ Cuántas veces la dureza multicolor de las ciudades
se da vuelta como el cartel de una propaganda inútil
y aparece la raíz de la planta que somos,
el agua que la moja
y el papel infinito que la envuelve!

Miro pasar a las mujeres
por la cresta de una calle
de cualquier esquina del mundo
y detrás de su forma y de mi espuma
siempre encuentro tu forma y mi marea.

Miro pasar las cuestas
de la impasible soledad que trepamos
y comienzo a entender
la purpúrea madera
que modelan tus besos.

Dein Auge sieht mich am besten

Dein Auge sieht mich am besten
mit dem Teil der mich nicht anschaut.
Meine Abwesenheit ist die Gegenwart
deiner Abwesenheit.
Der Stein lebt
von der Unterseite her.
Das Herz erreicht seine stärkste Beharrlichkeit
in dem unbeweglichen Spiel das sich vollzieht
zwischen Pulsschlag und Pulsschlag.

Wie oft springt inmitten der Nacht der Tag auf
und bestätigt uns die Wende
der Blume ohne die alles unmöglich ist!
Wie oft sprechen wir
mit der ungleichen Rückseite der Wörter!
Wie oft dreht sich die vielfarbige Härte der Städte
wie die Schrift einer unnützen Werbung
und erscheint die Wurzel der Pflanze die wir sind,
das Wasser das sie befeuchtet
und das unendliche Papier das sie einhüllt!

Ich sehe die Frauen
auf der Anhöhe einer Straße gehen
an irgendeiner Ecke der Welt
und hinter ihrer Form und meinem Gischt
treffe ich immer deine Form und meine Gezeiten.

Ich sehe vor meinen Augen
die Hänge vorüberziehen die wir erklettern
eingetaucht in gefühllose Einsamkeit
und ich fange an das purpurne Holz zu verstehen
das deine Lippen formen.

Miro pasar la vida como una extraña coincidencia
y de pronto me siento
el ciudadano exacto,
el objetivo justo de la vida.

La vida es el costado por donde el mundo se ama.
El amor es el sitio por donde yo te vivo.
La vida es el flanco por donde yo me pienso.
El pensamiento es la única fidelidad del amor.

Ich sehe das Leben vorüberziehen wie ein seltsames
Zusammentreffen
und plötzlich fühle ich mich
als der wirkliche Städter,
der richtige Sinn des Lebens.

Das Leben ist die Seite von wo aus die Welt sich liebt.
Die Liebe ist der Ort von wo aus ich dich lebe.
Das Leben ist die Flanke von wo aus ich mich denke.
Der Gedanke ist die einzige Treue der Liebe.

Un amor más allá del amor

Un amor más allá del amor
por encima del rito del vínculo,
más allá del juego siniestro
de la soledad y la compañía.

Un amor que no necesite regreso,
pero tampoco partida.
Un amor no sometido
a los fogonazos de ir y de volver,
de estar despiertos o dormidos,
de llamar o callar.

Un amor para estar juntos
o para no estarlo,
pero también para todas las posiciones intermedias.

Un amor como abrir los ojos.
Y quizá también como cerrarlos.

Eine Liebe jenseits der Liebe

Eine Liebe jenseits der Liebe
über dem Ritus der Bindung
jenseits des düsteren Spiels
der Einsamkeit und der Gesellschaft.

Eine Liebe die keiner Rückkehr bedarf
aber auch keines Aufbruchs.
Eine Liebe die nicht unterworfen
dem blitzschnellen Wechsel von Gehen und Wiederkommen
von Wachen oder Schlafen
von Rufen oder Schweigen.

Eine Liebe in der man sich nah ist
oder es nicht ist,
die aber auch da ist für alles dazwischen.

Eine Liebe die wie ein Öffnen der Augen ist
und vielleicht auch wie ihr Schließen.

Jorge Enrique Adoum
Home sweet home

de qué carajo sirvió todo el amor sobre todo
si después de todo llegaron las explicaciones
esa excrecencia que le nace al destino
cuando ya se han gastado por el uso los cuerpos
entonces me voy yendo
pero nos quedamos quedándonos
animalmente atados entre nosotrosdós

y vivieron felices muchos años

Home sweet home

wozu, verdammt noch mal, war all die Liebe gut, vor allem
wenn nach allem Erklärungen kamen
jener Auswuchs, vom Schicksal geboren
wenn sich die Körper durch den Gebrauch schon abgenutzt
dann gehe ich gehend
aber wir bleiben bleibend
animalisch gefesselt an unsbeide

und sie verlebten noch viele glückliche Jahre

Jaime Sabines
Te quiero a las diez de la mañana

Te quiero a las diez de la mañana, y a las once, y las doce del día. Te quiero con toda mi alma y con todo mi cuerpo, a veces, en las tardes de lluvia. Pero a las dos de la tarde, o a las tres, cuando me pongo a pensar en nosotros dos, y tú piensas en la comida o en el trabajo diario, o en las diversiones que no tienes, me pongo a odiarte sordamente, con la mitad del odio que guardo para mí.

Luego vuelvo a quererte, cuando nos acostamos y siento que estás hecha para mí, que de algún modo me lo dicen tu rodilla y tu vientre, que mis manos me convencen de ello, y que no hay otro lugar en donde yo me venga, a donde yo vaya, mejor que tu cuerpo. Tu vienes toda entera a mi encuentro, y los dos desaparecemos un instante, nos metemos en la boca de Dios, hasta que yo te digo que tengo hambre o sueño.

Todos los días te quiero y te odio irremediablemente. Y hay días también, hay horas, en que no te conozco, en que me eres ajena como la mujer de otro. Me preocupan los hombres, me preocupo yo, me distraen mis penas. Es probable que no piense en ti durante mucho tiempo. Ya ves. ¿Quién podría quererte menos que yo amor mío?

Ich liebe dich um zehn Uhr morgens

Ich liebe dich um zehn Uhr morgens, und um elf und um zwölf Uhr mittags. Ich liebe dich mit meiner ganzen Seele und mit meinem ganzen Körper, manchmal, an verregneten Nachmittagen. Aber um zwei Uhr mittags, oder um drei, wenn ich beginne an uns beide zu denken, und du an das Essen denkst oder an die tägliche Arbeit, oder an die Zerstreuung, die du nicht hast, beginne ich dich heimlich zu hassen, mit der Hälfte des Hasses, den ich für mich selbst empfinde.

Später liebe ich dich von neuem, wenn wir zu Bett gehen und ich fühle, daß du wie für mich geschaffen bist, daß deine Knie und dein Bauch mir das irgendwie sagen, daß meine Hände mich davon überzeugen und daß es keinen Ort gibt, an dem ich ankommen, zu dem ich hingehen könnte, der besser wäre als dein Körper. Du kommst zu mir mit Haut und Haaren, und wir beide entschwinden für einen Augenblick und legen uns in den Mund Gottes, bis ich dir sage, daß ich hungrig bin oder müde.

Tag für Tag liebe ich dich, und hasse ich dich, unwiderruflich. Und es gibt auch Tage, gibt Stunden, an denen ich dich nicht kenne, in denen du mir fremd bist wie die Frau eines anderen. Ich sorge mich um die Menschen, ich sorge mich um mich, mein Leiden lenkt mich ab. Es kann sein, daß ich längere Zeit nicht an dich denke. Da siehst du es! Wer könnte dich weniger lieben als ich, meine Liebe?

Claribel Alegría
No preciso conceptos

No preciso conceptos.
No más divagaciones
ni teólogos discursos
que anestesien mi herida.
Tus palabras preciso,
la imagen de tu rostro
entre las sábanas,
tu último estertor
en mis oídos.

Ich brauche keine Begriffe

Ich brauche keine Begriffe.
Keine Abschweifungen mehr
auch keine theologischen Diskurse
die meine Wunde betäuben.
Deine Worte brauche ich,
das Bild deines Gesichtes
zwischen dem Bettzeug,
dein letztes Keuchen
in meinen Ohren.

También me gusta el amor

También me gusta el amor
al que le cierran la puerta
el que entra por la ventana
volando sobre una cuerda.

Deshoras

A veces
pienso en ti
en lo que pudo ser
en tu ternura presa
en las deshoras.

Mir gefällt auch die Liebe

Mir gefällt auch die Liebe
der sie die Tür verschließen
die durch's Fenster kommt
hereinfliegt an einem Seil.

Stunden der Unzeit

Manchmal
denke ich an dich
an das, was möglich war
an deine gefangene Zärtlichkeit
in den Stunden der Unzeit.

Eduardo Lizalde
Profilaxis

Los amantes se aman, en la noche, en el día.
Dan a los sexos labios y a los labios sexos.

Chupan, besan y lamen,
cometen con sus cuerpos las indiscreciones
de amoroso rigor,
mojan, lubrican, reconocen enmielan.
Pero al concluir el asalto,
los dos lavan sus dientes con distintos cepillos.

Prophylaxe

Die Liebenden lieben sich, des nachts, am Tag.
Sie geben den Geschlechtern Lippen und den Lippen
Geschlechter.
Sie saugen, küssen und lecken,
begehen mit ihren Körpern die Indiskretionen
liebevoller Strenge,
befeuchten, beschmieren, erforschen versüßen.
Doch ist der Sturm vorüber,
putzen sich die zwei ihre Zähne mit verschiedenen Bürsten.

Siempre traes a esta sequedad la fragancia
del misterio.
Siempre eres igual
a lo que me sostiene.

Para ti el aprendizaje,
para ti la soledad convertida,
para ti el espacio ganado a la noche,

para ti el instante, la voz trocada,
el asentimiento,

para ti el último centro del fruto, lo irreductible,
para ti lo que el miedo no puede rozar,
para ti cuanto escapa a las venas del tiempo.

para ti el caudal de los días que se bastan,
el acopio húmedo, la labor de aprender a ser nadie.

No hay secreto.

Immer bringst du in diese Dürre den Wohlgeruch
des Mysteriums.
Immer bist du dem gleich,
was mich erhält.

Für dich die ersten Versuche,
für dich die bekehrte Einsamkeit,
für dich die der Nacht abgewonnene Weite,

für dich der kurze Augenblick, die ausgewechselte Stimme,
das Gewährenlassen,

für dich die letzte Mitte der Frucht, das Unzerteilbare,
für dich was die Angst nicht streifen kann,
für dich was den Adern der Zeit entrinnt,

für dich der Reichtum der Tage, die sich genügen,
die feuchte Zehrung, die Mühe zu lernen, niemand zu sein.

Es gibt kein Geheimnis.

Pablo Armando Fernández
Suite para Maruja

(Fragmento)

I

La primavera, dices, y escojo madreselvas,
geranios y begonias.
A casa vuelves con los pies mojados,
la falda llena de guizazos ásperos.
Begonias sin olor en los cabellos
y entre las manos, romerillo y malvas.

Dices, el aire, y cierro las ventanas,
busco el sillón más próximo a la esquina
donde libros y lámparas me esperan.
Y el aire es la mañana del sol, blanca,
la loca expedición de las hormigas,
pájaros y cagüayos de astuta, fina lengua.
Tu canto por el patio saliendo del brocal,
los baldes y las piedras.

El sol, dices tranquila, y presuroso escalo
los templos más antiguos. Arenales recorro.
Duermo a la sombra ámbar de un dátil.
Y el sol es la ventana limpia donde te acodas
sueltos, la blusa y el cabello,
y es el camino al mar los viernes de la Pascua;
recoger gajos santos que ahuyentan los ciclones;
café que huele a cuaba ardiendo y sabe a madrugar
de plátanos, anones y ciruelas.
Son mis brazos ciñendo tu cintura
sin que lo sepa yo.

Y cuando dices, es la noche, sueño
con países que anduve,

Suite für Maruja

(Fragment)

I

Frühjahr, sagst du, und ich entscheide: Geißblatt,
Geranien, Begonien.
Du kommst nach Hause mit nassen Füßen,
an deinem Rock zotteln Kletten.
Begonien im Haar, die nicht duften,
in den Händen Zweizahnblüten und Malven.

Sagst du Luft, schließe ich Fenster,
greife mir den Stuhl nächst der Ecke,
wo auf mich warten die Bücher, die Lampen.
Luft, das heißt Vormittag, glutweiß vor Sonne,
Ameisen auf tollkühnem Feldzug,
Vögel und der Eidechsen dünn schlaue Zungen.
Du singst im Patio, und es tönen
Brunnenrand, Eimer und Mauersteine.

Sonne, sagst du gelassen, und eilig keuch ich
urzeitliche Tempel hinauf. Hechle durch Dünen.
Schlafe im Bernsteinschatten einer Palme.
Sonne ist ein blankes Fenster, darin liegst du,
offen die Bluse, das Haar,
und der Weg zum Meer gleicht Freitag vor Ostern;
wir pflücken Wunschkräuter, die Wirbelstürme vertreiben;
der Kaffee duftet nach Balsamholzfeuer und schmeckt wie in
der Frühe
Bananen, Anonen und tropische Pflaumen.
Meine Arme schließen sich, ich weiß nicht wie,
um deine Taille.

Sagst du aber, es ist Nacht, träum ich
von Ländern, die ich befahren,

a los que vuelven mis pisadas
lentas y oscuras, para recobrarte.
Pero la noche no es lo que me pone
el corazón a repartirse en tiempos
que fueron míos. Pues la noche es tu voz
conversadora, tu voz que quiere ser
una palabra sola.

tasten sich meine Füße zurück, träge
und dunkel, dich wiederzufinden.
Die Nacht kann mein Herz eben nicht verführen,
in vergangne Zeiten auszuschwärmen, mit dir
nicht geteilte. Nacht heißt, dein Geplauder,
deine Stimme, und die will sich verdichten
zu einem einzigen Wort.

Ferreira Gullar
Pela rua

Sem qualquer esperança
detenho-me diante de uma vitrina de bolsas
na Avenida Nossa Senhora de Copacabana, domingo,

enquanto o crepúsculo se desata sobre o bairro.

Sem qualquer esperança
te espero.
Na multidão que vai e vem
entra e sai dos bares e cinemas
surge teu rosto e some
num vislumbre
            e o coração dispara.
Te vejo no restaurante
na fila do cinema, de azul
diriges um automóvel, a pé
cruzas a rua
            miragem
que finalmente se desintegra com a tarde acima dos edifícios
e se esvai nas nuvens.

A cidade é grande
tem quatro milhões de habitantes e tu és uma só.
Em algum lugar estás a esta hora, parada ou andando,
talvez na rua ao lado, talvez na praia
talvez converses num bar distante
ou no terraço desse edifício em frente,
talvez estejas vindo ao meu encontro, sem o saberes,
misturada às pessoas que vejo ao longo da Avenida.
Mas que esperança! Tenho
uma chance em quatro milhões.

Auf der Straße

Ohne jede Hoffnung
stehe ich vor einem Schaufenster mit Taschen
in der Avenida Nossa Senhora de Copacabana, an einem
Sonntag,
während sich die Dämmerung über das Stadtviertel legt.

Ohne jede Hoffnung
warte ich auf dich.
In der Menge, die kommt und geht
Kneipen und Kinos betritt und verläßt
erscheint dein Gesicht
für einen Augenblick nur
und mein Herz steht still.
Ich sehe dich im Restaurant
in der Warteschlange vor dem Kino, in Blau
am Steuer eines Wagens, zu Fuß
überquerst du die Straße,
ein Trugbild
das sich dann mit dem Nachmittag über den Hochhäusern
auflöst
und in den Wolken vergeht.

Die Stadt ist groß
hat vier Millionen Einwohner und du bist eine nur.
Bist irgendwo zu dieser Stunde, stehst oder gehst,
vielleicht auf der Straße nebenan, vielleicht am Strand
unterhältst dich vielleicht weit weg in einer Bar
oder auf der Terrasse des Hauses gegenüber,
kommst mir vielleicht entgegen, und weißt es nicht,
zwischen den Menschen, die ich überall auf der Straße sehe.
Doch wie kann ich hoffen! Meine
Chance ist eins zu vier Millionen.

Ah, se ao menos fosses mil
disseminada pela cidade.

A noite se ergue comercial
nas constelações da Avenida.
Sem qualquer esperança
continuo
e meu coração vai repetindo teu nome
abafado pelo barulho dos motores
        solto ao fumo da gasolina queimada.

Ach, wärest du doch nur tausendfach
verstreut über diese Stadt.

Der Abend erhebt sich geschäftig
zwischen den Lichtern der Straße.
Ohne jede Hoffnung
gehe ich weiter
und mein Herz spricht deinen Namen, wieder und wieder,
der erstickt wird vom Lärm der Motoren
        sich auflöst in Schwaden verbrannten Benzins.

Um sorriso

Quando
com minhas mãos de labareda
te acendo e em rosa
          embaixo
          te espetalas
quando
     com a minha acesa antorcha e cego
penetro a noite de tua flor que exala
urina
e mel
     que busco eu com toda essa assassina
fúria de macho?
               que busco eu
                    em fogo
               aqui embaixo?
               senão colher com a repentina
               mão do delírio
               uma outra flor: a do sorriso
               que no alto o teu rosto ilumina?

Ein Lächeln

Wenn
ich dich mit meinen lodernden Händen
entflamme und du dich als Rose
        unten
        entblätterst
wenn
    ich mit meiner entzündeten Fackel und blind
in die Nacht deiner Blüte dringe die
Urin verhaucht
und Honig
    was suche ich mit all der mörderisch
männlichen Wut?
            Was suche ich
                im Feuer
            hier unten
            anderes als mit der plötzlichen
            Hand des Taumels
            eine zweite Blüte zu pflücken: die des Lächelns
            die oben dein Gesicht erleuchtet?

Heberto Padilla
Su sitio

Ésa es la puerta por donde entró por vez primera
(jambas del cerco, blancas; cuarterones azules)
En esta casa ella amanece cada día.
Es en aquel rincón donde se viste y se desviste
(aún conserva ciertos hábitos púdicos),
pero mis ojos han visto tanto su desnudez
que la noche o la sombra son superfluas.
En esa percha cuelga su vestido,
frecuentemente alegre, a veces triste, fatigada
del peso antiguo del misterio de la mujer.
Esta es la almohada donde reclina la cabeza,
su mechón de luz negra y desordenada.
En ese espejo se contempla, desliza ella sus manos;
se da vueltas como si el viento le arrancara
de los instantes rudos de la existencia.
Este es, en fin, el escenario donde ella se agiganta,
el sitio de sus hechizos y sus transformaciones.
Ella es mi único enigma, el único tesoro, dolientes
míos
pálidos deudos y tutores.

Ihr Platz

Dies ist die Tür, durch die sie das erste Mal hereinkam
(weißer Rahmen, die Füllungen blau).
In diesem Haus erwacht sie jeden Tag.
Da ist die Ecke, wo sie sich anzieht und auszieht
(eine gewisse Scham hat sie noch nicht abgelegt);
meine Augen aber haben so sehr ihre Nacktheit gesehen,
daß Schatten oder Nacht überflüssig sind.
Auf diesen Bügel hängt sie ihr Kleid,
oft fröhlich, manchmal traurig, ermüdet
von der alten Bürde des Mysteriums der Frau.
Dies hier ist das Kissen, auf das sie ihren Kopf legt,
ihren Schopf aus wirrem, schwarzem Licht.
In diesem Spiegel betrachtet sie sich, sie gleitet mit ihren
Händen über ihn;
und sie dreht sich im Kreis, als risse der Wind sie los
von den rauhen Augenblicken des Daseins.
Dies ist der Ort schließlich, wo sie ins Riesenhafte wächst,
der Schauplatz ihrer Zaubereien und Verwandlungen.
Sie ist mein einziges Rätsel, der einzige Schatz, liebe
Leidtragende,
bleiche Verwandte und Vormünder.

Adélia Prado
Casamento

Há mulheres que dizem:
Meu marido, se quiser pescar, pesque,
mas que limpe os peixes.
Eu não. A qualquer hora da noite me levanto,
ajudo a escamar, abrir, retalhar e salgar.
É tão bom, só a gente sozinhos na cozinha,
de vez em quando os cotovelos se esbarram,
ele fala coisas como »este foi difícil«
»prateou no ar dando rabanadas«
e faz o gesto com a mão.
O silêncio de quando nos vimos a primeira vez
atravessa a cozinha como um rio profundo.
Por fim, os peixes na travessa,
vamos dormir.
Coisas prateadas espocam:
somos noivo e noiva.

Ehe

Es gibt Frauen, die sagen:
Wenn mein Mann angeln will, soll er angeln,
aber er soll die Fische auch saubermachen.
Ich nicht. Zu jeder Nachtzeit stehe ich auf,
helfe entschuppen, ausnehmen, zerteilen und einsalzen.
Es ist so schön, wir ganz allein in der Küche,
ab und zu stoßen die Ellbogen aneinander,
er sagt zum Beispiel der hier war ein schwieriger Bursche
er funkelte silbrig in der Luft und schlug mit dem Schwanz
und macht dazu eine Handbewegung.
Die Stille von damals, als wir uns das erste Mal sahen,
strömt durch die Küche wie ein tiefer Fluß.
Schließlich, die Fische liegen auf der Platte,
gehen wir schlafen.
Silberfunkelnde Dinge schnellen empor:
wir sind Braut und Bräutigam.

Gabriel Zaid

Alabanza en la playa

Harás muy buena calavera.
Cuando tus ojos limpios
del mar y de la vida se vuelvan otro abismo,
volverán los rumores de la fiesta nocturna,
cardúmenes de joyas, cristales y miradas,
resonando.

Abrazo, huelo, alabo
tu espléndida cabeza:
Harás muy buena calavera.

Haciendo guardia

Mientras te escucho
orinar
y las hojas secas crepitan,
oigo de lejos una acequia
desentendida de mí,
pasa volando un pájaro
como si fuera natural
vivir,
te amo por la brisa
que acaricia los árboles
y se burla de mí.

Lobpreis am Strand

Du wirst wunderschön sein als Totenkopf
Wenn deine Augen, sauber
    vom Meer und vom Leben, ein weiterer Abgrund werden,
werden die Laute der Nacht zurückkehren,
lärmende Fischschwärme
von Juwelen, Kristallen und Blicken.

Ich umarme, rieche, lobpreise
deinen prächtigen Schädel:
Du wirst wunderschön sein als Totenkopf.

Beim Wachestehen

Während ich horche, wie du
pinkelst,
und das trockne Laub kracht,
höre fern ich eine Wasserader,
unbekümmert um mich,
fliegt ein Vogel vorbei,
als wäre leben
normal,
liebe ich dich für den Windhauch,
der die Bäume streichelt
und mich foppt.

Roque Dalton
La joie de aimer

No me ames
para agotar tu destino.

No me ames
con la fe de construir una tragedia contemporánea.

Ríete a todas luces, cariño.

Ríe en toda esta etapa de bella vecindad.

Ríete, ríete,
aunque sea de mí.

La joie de aimer

Liebe mich nicht
dein Schicksal aufzubrauchen.

Liebe mich nicht
im Glauben eine zeitgenössische Tragödie zu erschaffen.

Lache aus vollem Halse, Liebste.

Lache in dieser Zeit der schönen Nachbarschaft.

Lache, lache,
wenn auch über mich.

Epigrama

Somos la pareja menos infinita y menos adánica
que podría encontrarse en estos últimos 30 años de Historia.

Desde el punto de vista muscular
apenas hemos hecho poco más que dos perros.
Desde el ángulo cultural
hemos despertado bien pocas envidias.

Pero este amor nos ha devuelto mejorados al mundo
y, entre nosotros, inolvidables.

Ahora vamos a hacer que alguien sonría
o paladee un pedacito de dulce tristeza
hablando de nuestro amor en este poema.

Epigramm

Wir sind das Paar, so wenig unendlich und so wenig
Adam und Eva,
wie sich in diesen letzten 30 Jahren der Geschichte keines
finden ließe.

Von den Muskeln her betrachtet
haben wir kaum mehr getan als zwei Hunde.
Kulturell gesehen
haben wir recht wenig Neid erweckt.

Aber diese Liebe hat uns der Welt gebessert zurückgegeben
und, unter uns, unvergeßlich.

Jetzt bringen wir jemanden zum Lächeln
oder dazu, ein Stück süße Trauer zu schmecken
wenn ich über unsere Liebe spreche in diesem Gedicht.

Alejandra Pizarnik
Revelaciones

En la noche a tu lado
las palabras son claves, son llaves.
El deseo de morir es rey.

Que tu cuerpo sea siempre
un amado espacio de revelaciones.

Tu voz

Emboscado en mi escritura
cantas en mi poema.
Rehén de tu dulce voz
petrificada en mi memoria.
Pájaro asido a su fuga.
Aire tatuado por un ausente.
Reloj que late conmigo
para que nunca despierte.

Offenbarungen

Nachts an deiner Seite
sind die Worte verschlüsselt, sind Schlüssel.
Der Wunsch zu sterben regiert.

Auf daß dein Körper sei für immer
ein geliebter Ort der Offenbarungen.

Deine Stimme

Verschanzt hinter meinem Schreiben
singst du in meinem Gedicht.
Geisel deiner süßen Stimme
versteinert in meinem Gedächtnis.
Vogel, auf seiner Fuge beharrend.
Luft, tätowiert von einem Abwesenden.
Uhr, die mit mir tickt
damit ich niemals erwache.

En tu aniversario

Recibe este rostro mío, mudo, mendigo.
Recibe este amor que te pido.
Recibe lo que hay en mí que eres tú.

El ausente

La sangre quiere sentarse.
Le han robado su razón de amor.
Ausencia desnuda,
Me deliro, me desplumo.
¿Qué diría el mundo si Dios
lo hubiera abandonado así?

Sin tí
El sol se cae como un muerto abandonado

Sin tí
me tomo en mis brazos
y me llevo a la vida
a mendigar fervor

An deinem Geburtstag

Empfange dieses, mein Gesicht, stumm, bettelnd.
Empfange diese Liebe, um die ich dich bitte.
Empfange das in mir, was du bist.

Der Abwesende

Das Blut möchte sich setzen.
Sie haben ihm den Grund der Liebe geraubt.
Nackte Abwesenheit,
Ich werde wahnsinnig, raufe mir die Haare.
Was würde die Welt sagen, wenn Gott
sie so verlassen hätte?

Ohne dich
Fällt die Sonne herab wie ein einsamer Toter

Ohne dich
schließe ich mich in die Arme
und überlasse mich dem Leben
Hingabe zu erbetteln

Sólo la sed

sólo la sed
el silencio
ningún encuentro

cuídate de mí amor mío
cuídate de la silenciosa en el desierto
de la viajera con el vaso vacío
y de la sombra de su sombra

Nur Durst

nur Durst
Schweigen
keine Begegnung

hüte dich vor mir, Geliebter
hüte dich vor der Schweigsamen in der Wüste
vor der Reisenden mit dem leeren Becher
und dem Schatten ihres Schattens

José Manuel Arango

sus pechos crecen en mis palmas

crece su respiración
en mi cuello

bajo mi cuerpo crece
incontenible
su cuerpo

y después del amor
su silencio a mi lado como una sombra blanca

mientras fumo en silencio
maravillado, herido, triste

in meinen Händen wachsen ihre Brüste

ihr Atem wächst
an meinem Hals

unter meinem Leib wächst
unbezähmbar
ihr Leib

und nach der Liebe
ihr Schweigen an meiner Seite wie ein weißer Schatten

während ich schweigend rauche
erstaunt, verwundet, traurig

Ana María Rodas

Vamos a hacer la exhibición retrospectiva.
Fotos amarillentas;
cartas mudas que antes, cuánto hablaban.

Ante la nueva urgencia
lo que sentí alguna vez
ya no es recuerdo.

Sólo un absurdo pegar engendros
en las paredes de mi cuerpo.

Así, cubierta de otros hombres
que fueron
me tienes que desnudar muy lentamente.

Ven, no tengas miedo
en el brazo derecho todavía hay espacio
para otro cuadro.

Wir wollen Rückschau halten.
Vergilbte Fotos;
stumme Briefe, die einst so viel sprachen.

Angesichts der neuen Dringlichkeit
ist, was ich einmal fühlte
schon nicht mehr Erinnerung.

Nur ein sinnloses Affichieren von Ungeheuern
an die Wände meines Körpers.

So, bedeckt von anderen Männern
die es gab
mußt du mich ganz langsam entkleiden.

Komm schon, hab keine Angst
auf dem rechten Arm ist noch Platz
für ein weiteres Bild.

Mira:
con estas manos jugué a las muñecas
y juego a ser mujer.

Las uso para comer o desnudarme.

Para estrechar
con pasión y ternura
tus testículos
– dos mundos de misterio –
tu pelo y tu silencio.

Pero también me sirven
para hundirte los ojos
para rasgar tu carne
y para hacer cicatrices profundas
en tu cerebro.

Yo amo en tí
los pies
de los indios.

La piel morena
los ojos negros.

Y te amo a tí
porque los amo a ellos.

Schau diese Hände:
mit ihnen spielte ich mit den Puppen
und spiele ich Frau sein.

Ich brauche sie, um zu essen oder um mich zu entblößen.

Um mit Leidenschaft
und Zärtlichkeit
                deine Hoden zu umklammern
                zwei geheimnisvolle Welten
dein Haar und dein Schweigen.

Aber sie helfen mir auch
dir die Augen einzudrücken
dich aufzuschlitzen
und tiefe Narben zu hinterlassen
                        in deinem Hirn.

Ich liebe an dir
die Füße
der Indios.

Die dunkle Haut
        die schwarzen Augen.

Und dich liebe ich
weil ich sie liebe.

José Emilio Pacheco
*Las moscas**

Mientras yo sobre ti
tú sobre mí
los dos al lado
dos alados insectos se persiguen
Obscenamente sobrevuelan el lecho
Miran zumbonas o tal vez excitadas

Para él sin duda no eres la más hermosa y deseable

(Tal un lirio entre las espinas
es su mosca entre muladares
Los contornos de su trompa son como joyas
como púrpura real sus vellosidades)

¿Despreciarán
sus ojitos poliédricos nuestros cuerpos
nuestras torpes maniobras
nuestros brazos que no son alas?

Y juntas se levantan como la aurora
grandiosas como ejércitos en batalla

Han puesto de cabeza El rastrero infierno
y se adueñan al fin de su cielo raso

Bocabajo seguramente jadeantes
colgadas de las patas sobre el abismo

Y hacen lo suyo sin pensar en la muerte

* *Con disculpas de Salomón: Cantares 2:2, 7:1, y 6:10.*

Die Fliegen*

Während ich auf dir
du auf mir
beide auf der Seite
stellen sich zwei geflügelte Insekten nach
Obszön überfliegen sie das Bett
Gucken spöttisch oder vielleicht erregt

Für ihn, zweifelsohne, bist du nicht die Schönste und
Begehrteste
(Wie eine Lilie zwischen den Dornen
ist seine Fliege zwischen den Mistgruben
Die Konturen ihres Rüssels sind wie Geschmeide
wie Königspurpur ihre Behaarung)

Ihre polyedrischen Äuglein
werden sie unsere Körper verachten
unsere plumpen Handgriffe
unsere Arme, die keine Flügel sind?

Und gemeinsam erheben sie sich wie die Morgenröte
großartig wie ein Heer auf dem Schlachtfeld

Sie haben die Niederträchtige Hölle auf den Kopf gestellt
und bemächtigen sich am Ende ihres wolkenlosen Himmels

Bäuchlings vermutlich keuchend
an den Füßen hängend über dem Abgrund

Und sie machen das Ihrige ohne nachzudenken über den Tod

**Salomon möge verzeihen: Das Hohelied der Liebe, 2:2, 7:1, 6:10*

Antonio Cisneros
Para este aniversario de bodas

»No hace más de quince años poca cosa era un libro
con 350 posiciones, y aunque pronto supimos
que eran sólo variantes de las tres principales
hábiles fuimos y empeñosos en el orden del juego:
página tras página, sin saltos,
muchachos y el canto de las naves
entre todos los vientos y mareas prescritos
sin caer de la cama.

(Y sabemos que las tres principales son variantes
de la Gran Posición
que guarda un enterrado entre la arena.)«

Zum Hochzeitstag

»Vor weniger als fünfzehn Jahren war da die Kleinigkeit
eines Buches mit 350 Stellungen
und obwohl wir schnell befanden,
daß dies nur Varianten der drei Hauptstellungen waren
spielten wir flink und eifrig
Seite für Seite, ohne eine zu übergehen,
wie Kinder, das Aufschlagen der Schiffe
zwischen allen Windstößen und verordneten Gezeiten,
und fielen nicht aus dem Bett.

(Wir wissen: die drei Hauptstellungen sind Varianten
der Großen Stellung
die ein Begrabener für immer im Sand bewahrt.)«

Luis Rogelio Nogueras
Pérdida del poema de amor llamado »niebla«

Para Luis Marré

Ayer he escrito un poema magnífico
lástima
lo he perdido no sé dónde
ahora no puedo recordarlo
pero era estupendo
decía más o menos
que estaba enamorado
claro lo decía de otra forma
ya les digo era excelente
pero ella amaba a otro
y entonces venía una parte
realmente bella donde hablaba de
los árboles el viento y luego
más adelante explicaba algo acerca de la muerte
naturalmente no decía muerte decía
oscura garra o algo así
y luego venían unos versos extraordinarios
y hacia el final
contaba cómo me había ido caminando
por una calle desierta
convencido de que la vida comienza de nuevo
en cualquier esquina
por supuesto no decía esa cursilería
era bueno el poema
lástima de pérdida
lástima de memoria

Verlust des Liebesgedichts mit dem Titel »Nebel«

Für Luis Marré

Ein herrliches Gedicht hab ich gestern geschrieben
ein Jammer
hab es irgendwo verloren
ich kann mich nicht mehr so genau erinnern
war aber ganz große Klasse
es handelte ungefähr davon
daß ich jemanden liebte
natürlich stand es nicht so da
ich sag ja, das Gedicht war vorzüglich
aber sie liebte jemand anders
und danach kam ein Abschnitt
wirklich schön, darin war die Rede
von Wind und Bäumen, und als nächstes
wurde etwas über den Tod ausgesagt
Tod stand natürlich nicht da, sondern statt dessen
in düsterer Umklammerung oder so ähnlich
dann kamen mehrere unerhört gute Verszeilen
und gegen Ende
ging ich eine Straße entlang
völlig ausgestorben,
aber mit der Erkenntnis, daß das Leben
an jeder Häuserecke neu anfängt
nicht so pathetisch natürlich, ist ja logisch
es war schließlich ein gutes Gedicht
ein Jammer nur, daß es weg ist
ein Jammer, mein schlechtes Gedächtnis

Raúl Rivero
Donde clamo por Ángela

Y te busqué por pueblos,
Y te busqué en las nubes.
José Martí

Ángela, me dabas fiebre
me moría recorriendo tu cuerpo lleno de sobresaltos
y palabras inimaginables a tus catorce años.
Ángela, me hacían temblar tus piernas prodigiosas
tus senos con sabor a chocolate
duros
como marcando un precipicio por el que me hundía
increpado violentamente por tu demagógica inocencia.
Ángela, qué será de mí este sábado en que te invento un rostro
te llamo por tus dos apellidos a lo largo del malecón
registro cines, parques
y no encuentro siquiera la sombra de tu sombra.
Ángela, cómo pasan los meses
cómo te me has ido desvaneciendo
el tiempo es un animal revolcándose en tu piel
rompiéndola.
No dejes que te acabe
regresa
vuelve a vivir conmigo
Ángela amor, hija de la gran puta
vuelve a darme tu fiebre.

Schreiend nach Angela

Und ich suchte auf Plätzen nach dir,
Und ich suchte dich in den Wolken.
José Martí

Angela, bei dir war ich fieberkrank,
ich kam um, wenn ich über deinen Körper hinging, der oft aufschreckte,
ich hörte eine Sprache, hätte ich nicht gedacht bei deinen vierzehn Jahren.
Angela, deine göttlichen Beine, sie jagten mir Schauer über den Rücken
an deinen Brüsten schmeckte ich Schokolade
und fest waren sie
harte Grate an einem Steilhang, den ich hinabstürzte,
richtig kleingemacht von deiner Rattenfängerunschuld.
Angela, was wird aus mir an diesem Samstag, ich denk mir schon dein Gesicht aus,
ich rufe dich auf der Uferstraße, bei beiden Namen,
vor Havannas kompletter Skyline,
durchsuche Kinos nach dir, Grünanlagen
aber auch nicht die Spur einer Spur.
Mein Gott, Angela, wie die Monate rasen,
wie du mir langsam entschwindest
auf deiner Haut wälzt sich die Zeit, dieses Vieh
du wirst ramponiert.
Laß dich von ihr nicht fertigmachen
kehr um
wohn wieder bei mir
Angela, Liebste mein, elendes Mistluder,
ich möchte wieder krank sein vor Fieber.

Juan Manuel Roca
Días como agujas

Estoy tan sólo, amor, que a mi cuarto
sólo sube, peldaño tras peldaño,
la vieja escalera que traquea.

Epigrama para María

Cuentan que Tiresias hablaba la lengua de los pájaros.

El viejo adivino que daba voz a los presagios
Entre el cresterío de los gallos de Tebas,
Saludaba con silbos la mañana.

Yo, menos afortunado que Tiresias, apenas balbuceo
La jerga de los picoteadores pájaros enjaulados.

Pero al solo recuerdo tuyo, paisaje de tu rostro,
Vuela mi corazón emplumado.

Tage wie Nadelstiche

So allein bin ich, Liebste, zu meiner Kammer
steigt allein, Stufe für Stufe,
die alte ächzende Treppe.

Epigramm für Maria

Man erzählt, Teiresias habe die Sprache der Vögel
gesprochen.

Der alte Wahrsager, der der Vorsehung Stimme gab
Inmitten der rot gekrönten Hähne von Theben
Begrüßte er den Morgen mit einem Pfeifen.

Ich, weniger gesegnet als Teiresias, vermag kaum das Kauder-
welsch
Der geschwätzigen, eingesperrten Vögel zu stammeln.

Aber allein schon bei der Erinnerung an dich, die Landschaft
deines Gesichts,
Fliegt mein gefiedertes Herz.

Darío Jaramillo Agudelo
Algún día te escribiré un poema

Algún día te escribiré un poema que no mencione el aire ni la
noche,
un poema que omita los nombres de las flores, que no tenga
jazmines o magnolias.
Algún día te escribiré un poema sin pájaros ni fuentes, un
poema que eluda el mar
y que no mire a las estrellas.
Algún día te escribiré un poema que se limite a pasar los
dedos por tu piel
y que convierta en palabras tu mirada.
Sin comparaciones, sin metáforas, algún día escribiré un
poema que huela a ti,
un poema con el ritmo de tus pulsaciones, con la intensidad
estrujada de tu abrazo.
Algún día te escribiré un poema, el canto de mi dicha.

Eines Tages werde ich dir ein Gedicht schreiben

Eines Tages werde ich dir ein Gedicht schreiben,
das weder die Luft erwähnt noch die Nacht,
ein Gedicht, das die Namen der Blumen ausläßt,
in dem es keinen Jasmin und keine Magnolien gibt.
Eines Tages werde ich dir ein Gedicht schreiben ohne Vögel
und Quellen, ein Gedicht, das das Meer umgeht
und das nicht in die Sterne schaut.
Eines Tages werde ich dir ein Gedicht schreiben, das sich
darauf beschränkt, mit den Fingern über deine Haut zu fah-
ren, und das deinen Blick in Worte verwandelt.
Ohne Vergleiche, ohne Metaphern, eines Tages werde ich dir
ein Gedicht schreiben, das nach dir riecht,
ein Gedicht mit dem Rhythmus deines Pulses, mit der Kraft,
dem Druck deiner Umarmung.
Eines Tages werde ich dir ein Gedicht schreiben,
den Gesang meines Glücks.

Tu lengua

Tu lengua, tu sabia lengua que inventa mi piel,
tu lengua de fuego que me incendia,
tu lengua que crea el instante de demencia, el delirio del cuerpo enamorado
tu lengua, látigo sagrado, brasa dulce,
invocación de los incendios que me saca de mí, que me transforma,
tu lengua de carne sin pudores,
tu lengua de entrega que me demanda todo, tu muy mía lengua,
tu bella lengua que electriza mis labios, que vuelve tuyo mi cuerpo por ti purificado,
tu lengua que me explora y me descubre,
tu hermosa lengua que también sabe decir que me ama.

Deine Zunge

Deine Zunge, deine wissende Zunge, die meine Haut erfindet
deine Zunge aus Feuer, die mich entflammt,
deine Zunge, die Momente des Wahnsinns erzeugt, Fieber des verliebten Körpers
deine Zunge, heilige Peitsche, süße Kohlenglut
Anrufung der Feuer, die mich aus mir herausreißt
die mich verwandelt, deine Zunge aus schamlosem Fleisch
deine Zunge der Hingabe, die alles von mir fordert
deine ganz und gar meine Zunge
deine schöne Zunge, die meine Lippen elektrisiert,
die meinen durch dich gereinigten Körper zu deinem werden läßt
deine Zunge, die mich erforscht und mich entdeckt
deine wunderbare Zunge, die auch sagen kann, daß sie mich liebt.

Gioconda Belli
Si yo no viviera

Si yo no viviera en un país asediado
que rodeado de muerte nos da vida.

Si no creyera en la fuerza del pensamiento
y pensara que sólo es útil
para ejercicio del cerebro.

Si no me despertara cada mañana
con algo menos,
algo que ya no está:
– el jabón, las bujías, la leche –
y no supiera que en adelante
tendré que inventarme hasta la luz
y volver contenta
a lo primitivo y bueno
que hay en cada casa,
en cada corazón.

Si no caminara cotidianamente
en la navaja que separa las nubes
del cielo y el infierno
y fuera una mujer de lino en un país planchado
desarrollado
lleno de todo lo que aqui nos falta…

Seguramente
hubiera pasado a tu lado
sin mirarte
sin que me vieras.

Lebte ich nicht

Lebte ich nicht in einem bedrohten Land
das von Tod umgeben uns Leben gibt.

Glaubte ich nicht an die Kraft der Gedanken
meinte gar, sie seien nur nützlich
als Turnübung fürs Hirn.

Erwachte ich nicht jeden Morgen
mit etwas weniger,
etwas das nicht mehr da ist:
– die Seife, die Glühbirnen, die Milch –
und wüßte ich nicht, daß ich mir in Zukunft
sogar das Licht werde erfinden müssen
und zufrieden zurückkehren
zum Einfachen und Guten,
das in jedem Haus ist
in jedem Herzen.

Schritte ich nicht täglich
auf des Messers Schneide, das die Wolken
des Himmels von der Hölle trennt
und wäre eine Frau aus Leinen in einem gebügelten, entwik-
kelten Land,
angefüllt mit all dem, was hier uns fehlt…

Gewiß
wäre ich an dir vorübergegangen,
ich hätte dich nicht gesehen,
du hättest mich nicht gesehen.

Seguramente
ni vos
ni yo
estaríamos ahora sentados
mirándonos
tocándonos
acariciando
como a un niño
el tiempo.

Gewiß ist
weder du
noch ich
säßen jetzt hier,
schauten uns an,
berührten uns
und streichelten
wie ein Kind
die Zeit.

Invocación a la sonrisa

Dame la ternura desde el sueño,
dame ese cucurucho de sorbete que tenés en la sonrisa,
dame esa lenta caricia de tu mano.

Yo te daré pájaros
que cantarán tu nombre
desde lo más alto de los árboles.
Te daré piñas, zapotes, nísperos,
enredaré maizales en tu pelo.
Yo invocaré los dioses de nuestros antepasados
para que caigan tormentas,
para que miedosos y cogidos de la mano,
miremos la furia del rayo y del relámpago.
Yo tejeré ilusiones con ramítas y hierbas,
tocaré las rocas para que brote agua y nos bañemos,
yo haré poemas, cantos,
mi amor, cuando me hayás mirado,
cuando corra las cortinas del sueño,
cuando me coma el sorbete de tu sonrisa.

Anrufung des Lächelns

Schenk mir aus deinem Schlaf zärtliches Tasten
schenk mir das Himbeereis deines Lächelns
schenk mir das langsame Streicheln deiner Hände.

Ich gebe dir Vögel dafür
die deinen Namen singen
von den Wipfeln der Bäume.
Ich gebe dir Ananas, Sapote und Mispel
und flechte dir Mais ins Haar.
Ich bitte die Götter unserer Ahnen
Gewitter zu schicken:
ängstlich Hand in Hand wollen wir
die Gewalt der Blitze betrachten
Ich webe Träume aus Zweigen und Gräsern
und berühre die Felsen:
Wasser soll strömen in dem wir uns baden.
Ich singe Gedichte und Lieder
mein Geliebter
sobald du mich ansiehst
sobald du den Vorhang deines Schlafes zerreißt
und ich mein Himbeereis
von deinen Lippen schlürfe.

Premonición

Temo tus ojos
rasgando las mudas cuerdas de mi canto,
alborotando pájaros
frente a las cerradas puertas del olvido,
espantando fantasmas
de la vasta fortaleza que terca alcé,
para que nada me tocara
o atravesara jamás
el foso de mis lágrimas.

Una pequeña luz ha traspasado
el umbral de la sombra.
Tus ojos me buscan
y los míos se rien
– y se me rie el cuerpo desde adentro –.

Te niego
pero ando contenta
– indecisa, trivial, sabelotodo –
intelectualizando el nuevo sonido en las venas,
cruzando el río antes de construir el puente,
sumando, restando, posibles lágrimas, posibles risas,
mientras vos
– también arisco de miedos –
meditás, calculás el número,
limpiás las trompetas
que podrían botar,
atronadoramente,
las murallas de Jericó.

Ahnung

Ich fürchte deine Augen.
Sie schlagen die stummen Saiten meines Gesangs
scheuchen Vögel auf
vor den verschlossenen Türen des Vergessens
wecken Gespenster
in der schützenden Festung die ich hartnäckig baute
damit nichts mich berührte
noch durchquerte
den Graben meiner Tränen.

Ein kleines Licht durchdrang
die Schwelle des Schattens.
Deine Augen suchen mich
und die meinen lachen
es lacht mein Körper von innen.

Ich verneine dich
und spüre doch Glück.
Unentschlossen, oberflächlich, alleswissend
seziere ich den neuen Klang in den Adern
überquere den Fluß ehe die Brücke gebaut ist
addiere und subtrahiere mögliche Tränen
mögliches Lachen
während du
auch spröde vor Angst
überlegst, die Zahl errechnest
die Trompeten putzt
die vielleicht
mit Donnergetöse
die Mauern von Jericho zerbrechen.

Juan Gustavo Cobo Borda
Esquirlas

Y qué haremos con este amor que aún nos queda;
el que es necesario enterrar, con humor y coraje?

El dolor, según dicen, pasa pronto;
la vida, en cambio, habrá de concedernos la imposibilidad

de más daños, dulces daños.

Knochensplitter

Und was werden wir tun mit dieser Liebe, die uns noch bleibt;
die begraben werden muß, mit Witz und Mut?

Der Schmerz, heißt es, vergeht schnell;
das Leben aber soll uns bewahren

vor neuen Verletzungen, lustvollen Verletzungen.

Elogio de la superficialidad

Apenas cuerpos
que se han querido
como nadie nunca
y ahora se desunen.
Así de sencillo.

Que el cotorreo sentimental
no subleve la bilis.
Ninguna tensión rígida:
desnudarse. Dejarse ir.
Sin embargo par delicatesse
volvemos a convocar
el baboso yugo.

Por cortesía
ensuciamos la placidez física
con un lenguaje previsible.
El subconsciente: esa cloaca turbia.
El amor y sus borborigmos.
Tan profunda como deleitable
la energía del cuerpo
al ejercer su oficio.

Quiéreme así,
como cuerpo apenas,
que alma, corazón
y demás bisuterías
nadie sabe si existen.

Lob der Oberflächlichkeit

Körper nur,
die sich liebten
wie niemand je
und sich jetzt trennen.
Einfach so.

Damit nicht das sentimentale Geschwätz
die Galle hochkommen läßt.
Keine starre Spannung:
sich ausziehen. Sich gehenlassen.
Jedoch *par delicatesse*
rufen wir wieder
nach dem geifernden Joch.

Aus Höflichkeit
beschmutzen wir die Ruhe der Sinne
mit vorhersehbaren Wörtern.
Das Unterbewußte: diese trübe Kloake.
Die Liebe und ihre Blähungen.
So tief wie lustvoll
die Energie des Körpers,
wenn er seine Sache tut.

Liebe mich so,
als Körper nur.
Von Seele, Herz
und solchen Kinkerlitzchen
weiß niemand, ob es sie gibt.

Jorge Avila
Te escribiré en el lenguaje de las piedras

Como seguir
Si he abierto las puertas del templo
En el otoño
Rosa del paraíso
Dulce con la distancia que cae
En la piel de los murciélagos
Como dejar lástima en la espuma en la obsidiana
Abandonado el caballito de mar
Que cumple sueños a las nueve de la noche
Como seguir
Si te he visto llegar
Con tus nubes y pétalos
Y he dormido a tu lado
Y he abierto las puertas del templo
En el otoño
Te escribiré en el lenguaje de las piedras.

Ich werde dir schreiben in der Sprache der Steine

Wie fortfahren
Wenn ich die Pforten des Tempels geöffnet
Im Herbst
Rose des Paradieses
Süß aus der Distanz, die fällt
Auf der Haut der Fledermäuse
Wie Mitleid zulassen im Schaum im Obsidian
Wenn das Seepferdchen verlassen
Das Träume erfüllt um neun Uhr abends
Wie fortfahren
Wenn ich dich ankommen gesehen
Mit deinen Wolken und Blütenblättern
Und an deiner Seite geschlafen
Und die Pforten des Tempels geöffnet
Im Herbst
Ich werde dir schreiben in der Sprache der Steine.

Para ir a verte

Lame mi mano la noche húmeda
De nuevo el ultraje de despertar
A los mendigos
Atravesar los sótanos de una ciudad
Que agoniza entre las ratas
Para ir a verte
Encendedora de la hoguera
Porque no hay muro más violento
Que los ebrios raudales de tus flancos
O las tibias raíces de tu vientre
En ausencia
Salvar esta distancia de óxido
La sucia niebla que raspa mis rodillas
Mientras la luna se recoge
En las voces de piedra y musgo
De la miseria
Para ir a verte.

Gehen dich zu sehen

Die feuchte Nacht leckt meine Hand
Von neuem die Schande aufzuwecken
Die Bettler
Durchqueren die Kellerwohnungen einer Stadt
Die mit dem Tode ringt zwischen den Ratten
Gehen dich zu sehen
Entfacherin des wärmenden Feuers
Denn es gibt keine gewaltigere Mauer
Als die berauschten Fluten deiner Flanken
Oder die lauen Wurzeln deines Bauches
In Abwesenheit
Zurücklegen die Entfernung aus Oxyd
Der schmutzige Nebel, der meine Knie schmirgelt
Während der Mond sich zurückzieht
In die Stimmen aus Stein und Moos
Des Elends
Gehen dich zu sehen.

Bibliographische Hinweise

JORGE ENRIQUE ADOUM (Ecuador), geb. 1926.
Prefiero irme (Ich gehe lieber), aus: *Al pasar un cometa*, Poemas 1970–1972, La Paz 1982, übersetzt von Günther W. Hornberger und Esther Muschelknautz.

CLARIBEL ALEGRÍA (Guatemala), geb. 1928.
También me gusta el amor (Mir gefällt auch die Liebe); *No preciso conceptos* (Ich brauche keine Begriffe); *Deshoras* (Stunden der Unzeit), aus: *Y este poema rio* (1979–1985), Managua 1988, übersetzt von Günther W. Hornberger und Esther Muschelknautz.

FERNANDO ARBELÁEZ (Kolumbien), geb. 1924.
Debiéramos tener tiempo de amarnos (Wir sollten Zeit haben, uns zu lieben), aus: *Canto Llano*, Bogotá 1964, übersetzt von Klaus Laabs.

JORGE AVILA (Kolumbien), geb. 1957.
Te escribiré en el lenguaje de las piedras (Ich werde dir schreiben in der Sprache der Steine); *Para ir a verte* (Gehen dich zu sehen), unveröffentlicht, übersetzt von Günther W. Hornberger und Esther Muschelknautz.

JOSÉ MANUEL ARANGO (Kolumbien), geb. 1937.
sus pechos crecen en mis palmas (in meinen Händen wachsen ihre Brüste); *y después del amor* (und nach der Liebe), aus: *Este lugar de la noche*, Bogotá 1984, übersetzt von Klaus Laabs.

MANUEL BANDEIRA (Brasilien), 1886–1968.
Arte de amar (Kunst des Liebens), aus: *Der Weg nach Pasárgada.* Gedichte und Prosa, Frankfurt/M. 1985, übersetzt von Karin von Schweder-Schreiner.

GIOCONDA BELLI (Nicaragua), geb. 1948.
Si yo no viviera (Lebte ich nicht); *Invocación a la sonrisa* (Anrufung des Lächelns); *Premonición* (Ahnung), aus: *De la costilla de Eva*, Managua 1985 (dt.: *Aus einer Rippe Evas*, Wuppertal 1989, übersetzt von Dagmar Ploetz und Anneliese Schwarzer de Ruiz).

MARIO BENEDETTI (Uruguay), geb. 1920.
Táctica y estrategia (Taktik und Strategie), aus: *Antología Poética*, Madrid 1989, übersetzt von Erich Hackl.

JORGE LUIS BORGES (Argentinien), 1890–1986.
Sábados (Samstage, dt. von Gisbert Haefs); *La espera* (Das Warten, dt. von Curt Meyer-Clason); *Amorosa anticipación* (Erwartung der Liebe, dt. von Gisbert Haefs), aus: *Obras completas 1975–1985* (dt.: *Gesammelte Werke. Gedichte Bd. 1*, München 1983 und *Geschichte der Nacht*, München 1984).

RAFAEL CADENAS (Venezuela), geb. 1930.
Siempre traes en esta sequedad (Immer bringst du in diese Dürre); *Para ti el aprendizaje* (Für dich die ersten Versuche), aus: *Memorial*, Caracas 1977, übersetzt von Klaus Laabs.

ROSARIO CASTELLANOS (Mexiko), 1925 –1974.
Elegía (Elegie); *Pequeña crónica* (Kleine Chronik), aus: *Poesía no eres tú, Obra poética (1948–1971)*, Mexiko-Stadt 1972, übersetzt von Petra Strien.

Antonio Cisneros (Peru), geb. 1942.
Para este aniversario de bodas (Zum Hochzeitstag), aus: *Por la noche los gatos*; *Poesía 1961–86*, Mexiko–Stadt 1989, übersetzt von Christian Pixis.

Juan Gustavo Cobo Borda (Kolumbien), geb. 1948.
Esquirlas (Knochensplitter); *Elogio de la superficialidad* (Lob der Oberflächlichkeit), aus: *Casa de citas*, Mérida 1981, übersetzt von Klaus Laabs.

Roque Dalton (El Salvador), 1935 – 1975.
La joie de aimer (La joie de aimer); *Epigrama* (Epigramm), aus: *Poesía escogida*, San José 1983, übersetzt von Günther W. Hornberger und Esther Muschelknautz.

Carlos Drummond De Andrade (Brasilien), 1902–1987.
O cuarto em desordem (Zimmer in Unordnung), aus: *Poesia completa e prosa*, Rio de Janeiro 1973, übersetzt von Inés Koebel.

Jorge Gaitán Durán (Kolumbien), 1924–1962.
Se juntan desnudos (Sie vereinen sich nackt); *Siesta* (Siesta), aus: *Obra literaria. Poesía y prosa*, Bogotá 1975, übersetzt von Petra Strien.

Pablo Armando Fernández (Kuba), geb. 1930.
Suite para Maruja (Fragmento) (Suite für Maruja; Fragment), aus:

Poesía cubana de amor, Havanna 1983, übersetzt von Monika López.

© Pablo Armando Fernández
© der Übersetzung: R. Piper GmbH & Co. KG, München 1992

NICOLÁS GUILLÉN (Kuba), 1902 – 1989.
Madrigal (Madrigal; dt. von Erich Arndt); *Madrigal* (Madrigal; dt. von Klaus Laabs), aus: *Obra poética 1922–1958*, Havanna 1972 (dt.: *Sie gingen Gitarren jagen*, Berlin 1977).

© Nicolás Guillén
© der Übersetzung: Verlag Volk und die Welt, Berlin 1977
© der Übersetzung: R. Piper GmbH & Co. KG, München 1992

FERREIRA GULLAR (Brasilien), geb. 1930.
Pela rua (Auf der Straße; dt. von Inés Koebel), aus: *Todo poesia*, Rio de Janeiro 1981; *Um sorriso* (Ein Lächeln; dt. von Curt Meyer-Clason), aus: *Der grüne Glanz der Tage*, München 1991 (SP 1034).

© José Ribamar Ferreira
© der Übersetzung: R. Piper GmbH & Co. KG, München 1992

EFRAÍN HUERTA (Mexiko), 1914–1982.
Permiso para el amor (Erlaubnis zur Liebe), aus: *Los eróticos y otros poemas*, Mexiko-Stadt 1974, übersetzt von Günther W. Hornberger und Esther Muschelknautz.

© Editorial Joaquín Mortiz S.A., Mexiko-Stadt 1974
© der Übersetzung: R. Piper GmbH & Co. KG, München 1992

VICENTE HUIDOBRO (Chile), 1893–1948.
Égloga (Ekloge), aus: *Poesie*, Frankfurt/M. 1966, übersetzt von Fritz Vogelgsang.

© Suhrkamp Verlag, Frankfurt/M. 1966

JUANA DE IBARBOUROU (Uruguay), 1895–1979.
Noche de lluvia (Regnerische Nacht; dt. von Albert Theile, aus: *Poesie der Welt*, Berlin 1986), aus: *Obras completas*, Madrid 1986.

© Juana de Ibarbourou, 1953
© der Übersetzung: Propyläen Verlag, Berlin 1986

Darío Jaramillo Agudelo (Kolumbien), geb. 1947.
Algún día te escribiré un poema (Eines Tages werd ich dir ein Gedicht schreiben); *Tu lengua* (Deine Zunge), aus: *77 poemas*, Bogotá 1987, übersetzt von Günther W. Hornberger und Esther Muschelknautz.

Roberto Juarroz (Argentinien), geb. 1925.
Tu ojo me ve más (Deine Auge sieht mich am besten); *Un amor más allá del amor* (Eine Liebe jenseits der Liebe), aus: *Poesía vertical*, Buenos Aires 1978, übersetzt von Ruth Pollmann.

Juan Liscano (Venezuela), geb. 1915.
Entre escombros (Zwischen Trümmern), aus: *Encuentros y desencuentros*, Caracas 1969, übersetzt von Klaus Laabs.

Eduardo Lizalde (Mexiko), geb. 1929.
Profilaxis (Prophylaxe), aus: *Tabernarios y eróticos*, Mexiko-Stadt 1988, übersetzt von Günther W. Hornberger und Esther Muschelknautz.

Carlos Martínez Rivas (Nicaragua), geb. 1924.
La puesta en el sepulcro (Grablegung), aus: *Moderne Lyrik aus Nicaragua*, Leipzig 1981, übersetzt von Uwe Grüning.

Gabriela Mistral (Chile), 1889–1957.
Vergüenza (Scham); *Balada* (Ballade), aus: *Wenn du mich anblickst, werd' ich schön*, München 1991 (SP 1158), übersetzt von Albert Theile, Gisela Pape und Heinz Müller.

VINICIUS DE MORAES (Brasilien), 1913–1980.
Conjugação da ausente (Konjugation der Abwesenden); *A brusca poesia da mulher* (Das plötzliche Gedicht an die geliebte Frau), aus: *Saravá*, München 1989, übersetzt von Kay-Michael Schreiner.

CÉSAR MORO (Peru), 1904–1956.
Debiendo escribirte (Dir will ich schreiben); *A cuál sueño más pesado* (Von welchem Traum), aus: *Obra poética Nr. 1*, Lima 1980, übersetzt von Christian Pixis.

ÁLVARO MUTIS (Kolumbien), geb. 1923.
Lied marino (Meereslied; dt. von Kurt Scharf aus: *La Línea colorada*, Berlin 1989); *Sonata* (Sonate; dt. von Petra Strien), aus: *Obra literaria, Poesías (1947–1986)*, Bogotá 1985.

PABLO NERUDA (Chile), 1904 – 1973.
Ebrio de trementina (Trunken von Terpentin); *Tus pies* (Deine Füße), aus: *Liebesgedichte*, Darmstadt 1977, übersetzt von Fritz Vogelgsang; *Sabrás que no te amo y que te amo* (Du weißt ich liebe dich nicht und ich liebe dich), aus: *Cien Sonetos de amor, Obras Completas*, Buenos Aires 1968, übersetzt von Klaus Laabs.

LUIS ROGELIO NOGUERAS (Kuba), 1945 – 1985.
Pérdida del poema de amor llamado »niebla« (Verlust eines Liebesgedichts mit dem Titel »Nebel«), aus: *Nada del otro mundo*, Havanna 1988, übersetzt von Monika López.

Olga Orozco (Argentinien), geb. 1922.
Para hacer tu talismán (Um deinen Talisman zu machen), aus: *Obra poética*, Buenos Aires 1979, übersetzt von Petra Strien.

José Emilio Pacheco (Mexiko), geb. 1939.
Las moscas (Die Fliegen), aus: *Fin de siglo y otros poemas*, Havanna 1987, übersetzt von Günther W. Hornberger und Esther Muschelknautz.

Heberto Padilla (Kuba), geb. 1932.
Su sitio (Ihr Platz), aus: *Un hombre junto al mar*, Barcelona 1981, übersetzt von Klaus Laabs.

Nicanor Parra (Chile), geb. 1914.
Conversación galante (Verliebtes Gespräch; dt. von Hans Magnus Enzensberger); *Aromos* (Akazien; dt. von Michael Rössner); *Atención* (Warnung; dt. von Peter Schultze-Kraft), aus: *Obra gruesa*, Santiago de Chile 1969 (dt.: *Und Chile ist eine Wüste*, Frankfurt/M. 1986).

Joaquín Pasos (Nicaragua), 1914–1947.
Dulces seres monstruosos (Holde Monster), aus: *Poemas de un jóven*, Mexiko-Stadt 1962, übersetzt von Klaus Laabs.

OCTAVIO PAZ (Mexiko), geb. 1914.
Raíz del hombre (Urgrund des Menschen; dt. von Maralde und Klaus Meyer-Minnemann, aus: *Avantgarde und Revolution*, Frankfurt/M. 1987), aus: *Raíz del hombre*, Mexiko-Stadt 1937; *Dos cuerpos* (Zwei Leiber; dt. von Hans Magnus Enzensberger aus: *Poesie der Welt*, Berlin 1986), aus: *Libertad bajo palabras*, Mexiko-Stadt 1949; *Garabatos* (Gekritzel), aus: *Salamandra*, Mexiko-Stadt 1962 (dt.: *Gedichte*, Frankfurt/M. 1977, übersetzt von Fritz Vogelgsang).

CARLOS PELLICER (Mexiko), 1899–1977.
Paisajes (1927) (Landschaften [1927]), aus: *Hora y 20*, Paris 1927, übersetzt von Maralde und Klaus Meyer-Minnemann, aus: *Avantgarde und Revolution*, Frankfurt 1987.

ALEJANDRA PIZARNIK (Argentinien), 1936–1972.
Revelaciones (Enthüllungen); *Tu voz* (Deine Stimme); *En tu aniversario* (An deinem Geburtstag); *El ausente* (Der Abwesende), aus: *Poemas*, Medellín 1986; *Sólo la sed* (Nur Durst), aus: *Antología de la poesía hispanoamericana*, Hrsg. Julio Ortega, Mexiko-Stadt 1987, übersetzt von Günther W. Hornberger und Esther Muschelknautz.

ADÉLIA PRADO (Brasilien), geb. 1935.
Casamento (Ehe), aus: *Terra de Santa Cruz*, Rio de Janeiro, übersetzt von Berthold Zilly, aus: *La línea colorada*, Berlin 1989.

Raúl Rivero (Kuba), geb. 1945.
Donde clamo por Ángela (Schreiend nach Ángela), aus: *Papel de hombre*, Havanna 1970, übersetzt von Monika López.

Juan Manuel Roca (Kolumbien), geb. 1946.
Días como agujas (Tage wie Nadelstiche), aus: *Señal de cuervos*, Medellín 1979; *Epigrama para María* (Epigramm für Maria), aus: *Ciudadano de la noche*, Bogotá 1989, übersetzt von Günther W. Hornberger und Esther Muschelknautz.

Ana María Rodas (Guatemala), geb. 1947.
Vamos a hacer la exhibición retrospectiva (Wir wollen Rückschau halten); *Mira:* (Schau diese Hände:), aus: *Poemas de la izquierda erótica*, Guatemala 1973; *Yo amo en tí* (Ich liebe an dir), unveröffentlicht, übersetzt von Erich Hackl.

Gonzalo Rojas (Chile), geb. 1917.
¿Qué se ama cuando se ama? (Was lieben wir, wenn wir lieben?), aus: *Materia de testamento*, Madrid 1988, übersetzt von Klaus Laabs.

Jaime Sabines (Mexiko), geb. 1926.
Te quiero a las diez de la mañana (Ich liebe dich um zehn Uhr morgens), aus: *Diario semanario y poemas en prosa*, Xalapa, Mexiko 1961, übersetzt von Günther W. Hornberger und Esther Muschelknautz.

Jaime Sáenz (Bolivien), geb. 1921.
Prefiero irme (Ich gehe lieber), aus: *Al pasar un cometa*, La Paz 1982, übersetzt von Günther W. Hornberger und Esther Muschelknautz.

ALFONSINA STORNI (Argentinien), 1892–1938.
De mi ciudad a tu ciudad (Von meiner Stadt zu deiner Stadt), aus: *Obras completas I*, *Poesías*, Buenos Aires 1976; *¿Quién es el que amo?* (Wer ist es, den ich liebe?); *Pongo las manos sobre mi corazón* (Ich lege die Hände auf mein Herz), aus: *Poemas de amor*, Bellinzona 1988, übersetzt von Petra Strien.

CÉSAR VALLEJO (Peru), 1892–1938.
Me viene, hay días, una gana (An manchen Tagen überkommt mich eine Lust); *Pienso en tu sexo* (Dein Geschlecht im Kopf), aus: *Poesías completas* (1918–1938), Buenos Aires 1949, übersetzt von Christian Pixis. Eine Werkausgabe von César Vallejo beim Ammann Verlag, Zürich, ist in Vorbereitung.

IDEA VILARIÑO (Uruguay), geb. 1920.
Y qué (Na und); *El amor* (Die Liebe), aus: *Poemas de amor, Nocturnos*, Barcelona 1984, übersetzt von Erich Hackl.

XAVIER VILLAURRUTIA (Mexiko), 1903–1950.
Nocturno de la alcoba (1941) (Nachtstück des Schlafgemachs [1941]), aus *Obras*, Mexiko-Stadt 1953, übersetzt von Maralde und Klaus Meyer-Minnemann, aus *Avantgarde und Revolution*, Frankfurt/M. 1987.

CINTIO VITIER (Kuba), geb. 1921.
A mi esposa (Für meine Frau), aus: *Testimonios 1953–1968*, Havanna 1968, übersetzt von Monika López.

GABRIEL ZAID (Mexiko), geb. 1934.
Alabanza en la playa (Lobpreis am Strand), aus: *Campo nudista*, Mexiko–Stadt 1969; *Haciendo guardia* (Beim Wachestehen), aus: *Cuestionario*, Mexiko-Stadt 1976, übersetzt von Klaus Laabs.

Wir danken allen Lizenzverlagen und Rechteinhabern, soweit sie zu ermitteln waren, für die freundliche Genehmigung zum Abdruck der Texte.